COLEÇÃO ENSAIOS

As Peças de Samuel Beckett

Biblioteca teatral

Impresso no Brasil, maio de 2012

Título original: *The Plays of Samuel Beckett*
Copyright © 1972 University of Washington Press
Todos os direitos reservados.

Os direitos desta edição pertencem a
É Realizações Editora, Livraria e Distribuidora Ltda.
Caixa Postal: 45321 · 04010 970 · São Paulo SP
Telefax: (5511) 5572 5363
e@erealizacoes.com.br · www.erealizacoes.com.br

Editor
Edson Manoel de Oliveira Filho

Gerente editorial
Gabriela Trevisan

Preparação de texto
Marcio Honorio de Godoy

Revisão
Renata Siqueira Campos
Liliana Cruz

Capa e projeto gráfico
Mauricio Nisi Gonçalves / Estúdio É

Diagramação
André Cavalcante Gimenez / Estúdio É

Pré-impressão e impressão
Gráfica Vida & Consciência

Reservados todos os direitos desta obra. Proibida toda e qualquer reprodução desta edição por qualquer meio ou forma, seja ela eletrônica ou mecânica, fotocópia, gravação ou qualquer outro meio de reprodução, sem permissão expressa do editor.

As Peças de Samuel Beckett

Eugene Webb

Tradução: Pedro Sette-Câmara

Para Teri

SUMÁRIO

Agradecimentos 9

Nota do Tradutor 11

Capítulo I.
Introdução: Beckett e a Tradição Filosófica do Absurdo 13

Capítulo II.
Esperando Godot 31

Capítulo III.
Todos os que Caem 51

Capítulo IV.
Fim de Partida 65

Capítulo V.
A Última Gravação de Krapp 81

Capítulo VI.
Cinzas 93

Capítulo VII.
Duas Pantomimas: Ato sem Palavras I e Ato sem Palavras II 105

Capítulo VIII.
Dias Felizes 111

Capítulo IX.
Letra e Música 125

Capítulo X.
Cascando 133

Capítulo XI.
Trios: Comédia e Vai e Vem 139

Capítulo XII.
Filme 147

Capítulo XIII.
Eh Joe 157

Capítulo XIV.
Visão Geral 161

Lista de Primeiras Montagens 175

Bibliografia 177

Índice Analítico 185

AGRADECIMENTOS

A permissão para citar as seguintes obras de Samuel Beckett foi gentilmente concedida pela Grove Press, Inc.: *Cascando*, copyright © 1963 de Samuel Beckett; *Words and Music*, copyright © 1962 de Samuel Beckett; *Eh Joe*, copyright © 1967 de Samuel Beckett; *Play*, copyright © 1964 de Samuel Beckett; *Come and Go*, copyright © 1968 de Samuel Beckett; *Film*, copyright © 1967 de Samuel Beckett; *Endgame, Act Without Words*, copyright © 1958 de Grove Press, Inc.; *Happy Days*, copyright © 1964 de Grove Press, Inc.; *Krapp's Last Tape, All That Fall, Embers, Act Without Words II*, copyright © 1957 de Samuel Beckett, copyright © 1958, 1959, 1960 de Grove Press, Inc.; *Waiting for Godot*, copyright © 1954 de Grove Press, Inc.; *Bram Van Velde*, copyright © 1958 de Georges Fall, Paris; *Malone Dies*, copyright © 1956 de Grove Press, Inc.; *The Unnamable*, copyright © 1958 de Grove Press, Inc.; *Proust*, todos os direitos reservados, primeira publicação em 1931; *Watt*, todos os direitos reservados, primeira publicação por The Olympia Press, Paris, 1953, primeira edição americana em 1959; *Molloy*, todos os direitos reservados para todos os países por The Olympia Press, Paris e Grove Press, Nova York, primeira edição da Grove Press em 1955.

A citação de trechos das seguintes obras de Samuel Beckett foi possível graças à permissão de Faber and Faber Ltd.: *Waiting for Godot, All That Fall, Endgame, Krapp's Last Tape, Embers, Act Without Words I, Act Without Words II, Happy Days, Words and Music, Cascando, Play, Film* e *Eh Joe*. A citação de trechos das seguintes obras de Samuel Beckett foi possível graças à permissão de Calder and Boyars Ltd.: *Watt, Molloy, Malone Dies, The Unnamable, Bram Van Velde, Proust* e *Come and Go*. Random House, Inc., e Alfred A. Knopf, Inc. gentilmente concederam permissão para citar "The Anecdote of the Jar", de Wallace Stevens, copyright © de Alfred A. Knopf, Inc.

NOTA DO TRADUTOR

As obras de Beckett serão referidas por seu nome em português, exceto quando o autor referir também alguma montagem particular, artigo que trate especificamente de alguma delas, ou, nas notas, à edição e à página da edição por ele utilizada. Para comodidade do leitor, segue abaixo uma lista com os nomes com que as obras são referidas em português, em inglês e em francês.

Esperando Godot – Waiting for Godot – En Attendant Godot

Todos os que Caem – All That Fall – Tous Ceux qui Tombent

Fim de Partida – Endgame – Fin de Partie

Ato sem Palavras I – Act Without Words I – Acte sans Paroles, I

A Última Gravação de Krapp – Krapp's Last Tape – La Dernière Bande

Cinzas – Embers – Cendres

Ato sem Palavras II – Acts Without Words II – Acte sans Paroles, II

Dias Felizes – Happy Days – Oh, les Beaux Jours

Letra e Música – Words and Music – Paroles et Musique

Comédia – Play – Comédie

Cascando – Cascando – Cascando

Filme – Film – Film

Vai e Vem – Come and Go – Va et Vient

Eh Joe – Eh Joe – Dis, Joe

Fôlego – Breath – Souffle

Malone Morre – Malone Dies – Malone Meurt

O Inominável – The Unnamable – L'Innomable

CAPÍTULO I.
INTRODUÇÃO: BECKETT E A TRADIÇÃO FILOSÓFICA DO ABSURDO

> O sofrimento não encontra válvula de escape na ação (...) um estado contínuo de perturbação mental é prolongado, sem receber alívio do acaso, da esperança ou da resistência (...) é preciso suportar tudo, e não há nada a fazer. Nessas situações é inevitável que haja algo mórbido e, em sua descrição, algo monótono. Quando elas ocorrem na vida real, são dolorosas, não trágicas; sua representação poética é também dolorosa.

Uma das primeiras resenhas de *Esperando Godot*, vagamente hostil? Talvez a palavra "poética" entregue o jogo, ainda que *Godot* tenha levado ao teatro do começo da década de 1950 uma linguagem mais poética do que se costumava ouvir nas peças daquele século. Não, o autor, nesse caso, é Matthew Arnold, e ele está falando de seu próprio poema sobre o suicídio de Empédocles – um poeta vitoriano descrevendo a angústia mental de um filósofo grego do século V antes de Cristo.[1] Mesmo assim, a passagem pode servir como uma crítica surpreendentemente apropriada daquilo que recentemente passou a ser denominado literatura do absurdo. Ela descreve, com grande precisão, o estado mental representado por essa literatura, ao mesmo tempo que nos recorda de que tanto seu interesse quanto seu tormento são tão antigos quanto o pensamento humano.

A história das especulações humanas a respeito do universo e de sua relação com a vida humana mostra um movimento contínuo de idas e

---

[1] Matthew Arnold, "Preface to the First Edition of Poems (1853)". In: *On the Classical Tradition*. Ed. R. H. Super. Ann Arbor, University of Michigan Press, 1960, p. 2-3.

vindas entre dois polos constantemente presentes: um é uma visão de inteireza e de padrões significativos, uma visão de cosmos; o outro é uma visão de caos. Esse movimento surge da tensão entre, de um lado, um desejo de produzir imagens mentais da realidade que a tornarão inteligível, e de outro uma necessidade de criticá-las, de determinar se os conceitos interpretativos formados efetivamente correspondem ou não à realidade. Essa tensão provavelmente esteve presente na inteligência de todo homem que jamais pensou, e certamente tem sido uma característica da vida intelectual de todas as civilizações. Todavia, num certo período histórico, normalmente vê-se que alguma dessas duas tendências tornou-se dominante, ou que aquela que foi dominante está dando passagem diante da força rediviva da outra.

No mundo ocidental, pode-se observar que tanto a civilização clássica quanto a (por falta de termo melhor) moderna passaram por ondas alternadas desse tipo. Matthew Arnold, por exemplo, como herdeiro oitocentista daquilo que Marjorie Nicolson chamou de "rompimento do círculo"[2], sentia que vivia numa época em que todos os conceitos tradicionais que davam sentido à vida estavam sendo ameaçados pelo caos e pela anarquia. Por isso, ao olhar desde seu ponto de vista para Empédocles, ele sentia-se irmanado ao filósofo grego, como se os dois fossem, na expressão de Arnold Toynbee, "filosoficamente contemporâneos":

> Eu queria delinear os sentimentos de um dos últimos filósofos religiosos gregos (...) tendo sobrevivido a seus companheiros, vivendo numa época em que os hábitos do pensamento e do sentimento gregos começaram a mudar rapidamente, o caráter a degenerar-se, a influência dos sofistas a prevalecer. Nos sentimentos de um homem nessa situação entrava muito daquilo que estamos acostumados a considerar exclusivamente moderno (...)

---

[2] Marjorie Hope Nicolson, *The Breaking of the Circle*. Nova York, Columbia University Press, 1960.

> Desaparecera aquilo que os que só conhecem os grandes monumentos do primeiro gênio grego julgam ser traços exclusivos seus: desapareceram a calma, a alegria, a objetividade desinteressada; o diálogo da mente consigo mesma começou; os problemas modernos se apresentaram; já ouvimos as dúvidas, já testemunhamos o desânimo de Hamlet e de Fausto.[3]

E, podemos acrescentar a partir de nosso próprio ponto na linha do tempo, de Murphy e de Molloy, de Vladimir e de Clov.

A preocupação com o absurdo, portanto, é um fenômeno simultaneamente contemporâneo e histórico. A palavra mesma significa irracional ou incongruente, e em seus primeiros usos (em latim) referia-se a desarmonia ou dissonância. Em seu uso atual, como termo que descreve um movimento literário, refere-se à ausência de sentido, seja como padrão inteligível, seja como valor.

Todos os homens, diz Aristóteles, desejam conhecer.[4] E, já que os homens são como são, conhecer significa enxergar tanto um padrão quanto um propósito. Quando o universo não parece oferecer esse tipo de sentido, ou nem mesmo permitir que ele seja possível, a resposta humana inevitável é a frustração, a qual, se prolongada, torna-se aquela monótona angústia tão pungentemente descrita por Arnold na citação de abertura.

É esse o estado de espírito que Samuel Beckett explora em seus romances e em suas peças. Beckett, culto e muito lido, conhece bem não só o desespero do homem moderno, mas também a longa história intelectual que desembocou nele.[5] Suas obras contêm referências a

---

[3] M. Arnold, "Preface to the First Edition of Poems (1853)", op. cit., p. 1.
[4] Primeira linha de *Metaphysics* [Metafísica], em *The Basic Works of Aristotle*. Ed. Richard McKeon. Nova York, Random House, 1941, p. 689.
[5] Beckett estudou francês e italiano no Trinity College, Dublin (bacharelado, 1929; mestrado, 1931), e chegou a considerar a carreira acadêmica. Sua tese de mestrado foi sobre Descartes.

filósofos que vão dos pré-socráticos a Heidegger, Sartre e Wittgenstein.[6] Essa extensiva familiaridade com as raízes intelectuais da mente moderna é uma das principais fontes da grande abrangência e da força de Beckett. Por essa razão, pode valer considerar brevemente algumas das figuras que constituem a tradição de que ele se serve.

Ainda que, como vimos, o absurdo não seja um problema que tenha surgido no nosso século, esse problema hoje é provavelmente mais agudo do que nunca. O homem do século XX, que volta os olhos para os três milênios anteriores que compõem sua biografia intelectual, depara-se com os destroços de um número desanimadoramente grande de sistemas filosóficos. São esses os "cadáveres" a que Vladimir e Estragon se referem no segundo ato de *Esperando Godot*. "Pensar não é o pior", diz Vladimir, "O que é terrível é ter pensado".[7] O espetáculo do fracasso de tantas tentativas de explicar o homem e o universo, tentativas que começaram com élan, mas que terminaram em becos sem saída ou na erosão de suas aparentes conquistas iniciais pelo ceticismo, impõe uma insegurança particular à mente moderna.

Tradicionalmente se considera que a mais antiga tentativa da civilização ocidental de oferecer uma explicação racional e sistemática veio dos hilozoístas de Mileto, no século VI a.C. Tales, fundador dessa escola, tentou fazer duas coisas: explicar a natureza da matéria pela identificação de um princípio material comum ao qual teoricamente seria possível reduzir todas as substâncias mais complexas, e explicar a relação entre matéria e espírito. Para resolver o primeiro problema,

---

[6] Ver Ruby Cohn, "Philosophical Fragments in the Works of Samuel Beckett". In: *Samuel Beckett: A Collection of Critical Essays.* Ed. Martin Esslin. Englewood Cliffs, NJ, Prentice Hall, 1965, p. 169-77.
[7] Samuel Beckett, *Waiting for Godot.* Nova York, Grove Press, 1954, p. 41a. A peça foi originalmente publicada em francês como *En Attendant Godot*, Paris, Éditions de Minuit, 1952, e foi traduzida pelo próprio autor. A edição da Grove Press numera apenas as páginas da esquerda; ao referir uma citação da página da direita, colocarei a letra "a" após o número da página, como neste caso. As próximas referências de páginas serão dadas entre parênteses.

ele escolheu a água como base comum de todas as substâncias materiais; para resolver o segundo, desenvolveu a teoria de que toda matéria contém espírito – ou pelo menos foi isso que Aristóteles achou que Tales deve ter tentado expressar com a ideia de que "todas as coisas estão repletas de deuses".[8] Como se poderia esperar, os pensadores subsequentes dessa escola refinaram o pensamento de Tales a tal ponto que ele se tornou uma incerteza radical. Anaximandro, insatisfeito com a água enquanto base comum de toda matéria, escolheu algo muito menos concreto e inteligível, que denominou Ilimitado. A apófase, o modo de discurso apropriado para aquilo que é irredutivelmente misterioso, já ia aparecendo. Heráclito de Éfeso, o último dessa escola, levou a abordagem hilozoísta à sua conclusão lógica.

No pensamento de Heráclito, a ênfase está na constância da mudança, o princípio material que, julgava ele, só poderia ser o fogo. "Tudo flui e nada fica", diz, "tudo cede e nada é fixo".[9] Tudo está num estado de devir; nada nunca é: "Não se pode mergulhar duas vezes no mesmo rio, porque outras águas e depois mais outras estão fluindo perpetuamente".[10] O ser não é inteligível ao homem, porque nunca pode ser extraído do fluxo do tempo. Ainda que Heráclito não tivesse qualquer intenção de negar toda ordem coerente (ele presumia que a mudança constante seguisse um Logos ou princípio racional universal), a consequência de seu pensamento é que a ordem que existe está quase integralmente além da compreensão do homem. E como a razão do homem não encontra na experiência imediata um material com que operar, é difícil dizer que o homem seja racional: "O homem não é racional; só existe inteligência naquilo que o envolve".[11] Por conseguinte, ainda que possa haver uma "harmonia oculta",[12] de pouco ela vai servir ao homem. O universo da experiência humana

---

[8] Aristóteles, *De Anima*. In: *Basic Works*, p. 553.
[9] Philip Wheelwright (ed.), *The Presocratics*. Nova York, Odyssey Press, 1966, p. 70.
[10] Ibidem, p. 71.
[11] Ibidem, p. 74.
[12] Ibidem, p. 79.

"não passa de um monte de entulho empilhado aleatoriamente".[13] Assim, o esforço iniciado por Tales terminou em algo bem próximo de uma visão do absurdo.

A tentativa feita em Eleia por Parmênides e Zeno, seu discípulo, de resgatar o ser desse fluxo e de restabelecer a supremacia da razão levou, por sua vez, ao seu próprio beco sem saída. Parmênides julgava que o ser era único e imutável, e que, se parece haver mudança, então a aparência é falsa. Se os sentidos falam em devir, então os sentidos estão mentindo. Zenão (provavelmente o "velho grego" a quem Clov se refere em *Fim de Partida*[14]) usou a arma de seus paradoxos para defender essa posição. A consequência lógica dessa abordagem, porém, é que, se o ser é inteligível em abstrato, a experiência não é. A flecha nunca se move; Aquiles nunca ultrapassa a tartaruga. O triunfo da pura razão é, na melhor das hipóteses, uma vitória de Pirro: a razão reina suprema, mas isolada na mente.

Foi numa tentativa de usar a doutrina de uma pluralidade de elementos em interação como meio de abrir caminho entre a rocha do Ser e o turbilhão do Devir que Empédocles foi levado àquilo que Arnold chamou de "o diálogo da mente consigo mesma". Empédocles escolheu quatro elementos como os tijolos de seu universo – ar, terra, fogo e água –, mas o movimento que ele começou com relativa simplicidade terminou com os incontáveis átomos de Leucipo e de Demócrito. Empédocles ainda conseguia acreditar que a realidade objetiva não estava tão afastada da experiência humana, mas Demócrito dividia o conhecimento em dois tipos, o "obscuro", derivado dos sentidos, e o "genuíno", vindo do intelecto operando em abstrato: "Convencionalmente há o doce, convencionalmente há o

---

[13] Ibidem, p. 72.
[14] Samuel Beckett, *Endgame*. Nova York, Grove Press, 1958, p. 70. A peça foi publicada originalmente em francês como *Fin de Partie*, Paris, Éditions de Minuit, 1957, e foi traduzida pelo autor. As referências de páginas referem-se à edição da Grove Press e vêm entre parênteses.

amargo, convencionalmente há quente e frio, convencionalmente há a cor; mas na realidade só existem átomos e o vazio". Demócrito mesmo admitia o risco implícito nesse cisma entre a experiência humana e uma "verdade" que "mora no abismo": "Não tente entender tudo", alertava a seus discípulos, "porque assim você ignorará tudo". Olhando a história da filosofia especulativa desde sua época, vemos como foram proféticas as palavras ditas por "Sentidos" em seu diálogo entre o intelecto e os sentidos: "Ah, miserável intelecto, as suas evidências só vêm do modo como nós as damos; e mesmo assim você quer nos destronar. Esse destronamento será sua queda".[15]

Outro movimento, que assumiu uma abordagem bem diferente daquela agora descrita, foi o pitagorismo, uma escola de pensamento pela qual o Murphy de Beckett interessou-se durante uma fase de sua carreira.[16] Os pitagóricos tinham certas vantagens sobre aqueles que tentavam explicar a realidade analisando a matéria. Como seu interesse primário eram as relações numéricas, isto é, padrões abstratos, eles não tinham de se preocupar com as complexidades da matéria. Pitágoras teria chegado ao número como chave da compreensão quando descobriu a oitava e algumas outras relações harmônicas na música. A partir daí, ele teria descoberto o teorema de Pitágoras na geometria e depois passou à astronomia, por meio da qual descobriu a "música das esferas", um conjunto de relações numéricas entre os planetas. A realidade experienciada, desde esse ponto de vista, tornava-se uma união do abstrato com o concreto, com o foco no lado abstrato, mais fácil de ser trabalhado. Essa doutrina dava a seus seguidores padrões cognitivos satisfatórios, e também um propósito: a percepção e a contemplação da harmonia poderia, acreditavam eles, purificar a alma e assim prepará-la para o progresso espiritual nas encarnações futuras.

---

[15] Todos os trechos de Demócrito citados podem ser encontrados nas páginas 182-83 de P. Wheelwright (ed.), op. cit.
[16] Samuel Beckett, *Murphy*. Nova York, Grove Press, 1957, p. 3-4. Ver William York Tindall, *Samuel Beckett*. Nova York, Columbia University Press, 1964, p. 14.

Porém, a dificuldade que eles encontraram em seu sistema foi que, após colocar todos os ovos na cesta abstrata, descobriram que ela tinha um buraco: o mistério dos incomensuráveis. O teorema de Pitágoras funcionava lindamente para um triângulo retângulo cujos lados e hipotenusa seguiam a razão de 3 : 4 : 5. A soma dos quadrados dos lados menores equivale ao quadrado da hipotenusa, e as razões progressivas dos três lados seguem um padrão arrumadinho. Por outro lado, com um triângulo isósceles, eles descobriram não apenas que a hipotenusa não tinha uma proporção tão perfeita em relação aos lados menores, mas também que sequer poderia ser calculada. A raiz quadrada de dois (os lados menores estão numa razão de 1 : 1, de modo que a fórmula da hipotenusa é $\sqrt{1^2 + 1^2}$) é um número que nunca pode ser definitivamente resolvido. Assim como o número de semanas do ano dividido pelo número de dias, problema que parece ter preocupado o Watt de Beckett, pode ser calculado ao infinito.[17] Os pitagóricos tentaram manter essa informação secreta, mas não conseguiram. No *Murphy* de Beckett ficamos sabendo do destino de Hipaso, o "tagarela": "foi afogado num charco", como disse Neary, "por ter divulgado a incomensurabilidade do lado e da diagonal".[18]

Diante das complexidades e dos impasses lógicos de todas essas diversas tentativas de determinar o que efetivamente é a realidade, os sofistas, representados, por exemplo, por Protágoras, decidiram que a realidade objetiva externa era menos importante do que sua aparência subjetiva para o homem. "A matéria", dizia Protágoras, "é essencialmente a soma de todas as aparências que tem para toda e quaisquer pessoas".[19] Essa era uma saída do quebra-cabeças, e mostrou-se bastante durável enquanto princípio investigativo. Na verdade, ela ainda tem seu séquito hoje, de maneira oblíqua, no empirismo lógico, no pragmatismo e na fenomenologia. Essa abordagem do

---

[17] Samuel Beckett, *Watt*. Nova York, Grove Press, 1959, p. 34. Ver W. Y. Tindall, *Samuel Beckett*, p. 20.
[18] *Murphy*, p. 47.
[19] P. Wheelwright (ed.), op. cit., p. 239.

conhecimento, contudo, nunca teve apelo amplo; se "todos os homens desejam conhecer", a maior parte dos homens deseja conseguir acreditar que aquilo que sabem tem uma relação concreta com outra realidade fora da mente.

A tentativa de reunir os elementos da experiência, tanto mentais quanto físicos, numa descrição unificada, foi levada adiante por Platão e por seu aluno Aristóteles. Platão fundava sua certeza epistemológica na teoria de uma intuição intelectual imediata das essências. Para Platão, as coisas concretas eram compostas de forma (a essência ou princípio organizador suprassensível da coisa) e matéria. A forma, para Platão, era mais real do que a matéria; ela podia ter uma realidade objetiva distinta das coisas materiais em que se corporificava. Segundo Platão, as formas perfeitas tinham existência real num plano superior do ser, ao passo que as coisas materiais concretas eram imitações mais ou menos inadequadas delas. Essa abordagem da compreensão da realidade tornava objetivo o conhecimento, mas levantava de maneira nova e perturbadora o problema da relação entre o espírito e a matéria. Tales havia considerado o espírito a mera vida interior da matéria, mas a associação da forma da coisa com um campo independente do espírito, que ademais era considerado mais real do que o da matéria, teve o efeito de dividir o ser concreto em dois. O desenvolvimento desse modo de pensar caminhou em duas direções muito diferentes. Uma foi a dos neoplatonistas, dos quais o mais conhecido é Plotino. Essa escola tentou resolver o problema concentrando-se no espírito como realidade primária, e reduzindo a matéria praticamente ao não-ser ou à ilusão. A outra abordagem foi a de Aristóteles.

Aristóteles tentou preservar a unidade da realidade concreta. Aceitava a teoria de Platão da intuição intelectual da forma, mas acreditava que a forma só poderia existir em sua corporificação concreta num ente particular. A forma e a matéria estavam unidas organicamente; nenhuma delas poderia existir sem a outra. Para explicar como um homem poderia ter uma intuição imediata de uma forma corporificada numa coisa concreta, ele presumia a existência de uma faculdade mental particular, o "Intelecto Agente", que conseguia ir além do corpo e tornar-se, espiritualmente, a forma que intuía. A vantagem dessa epistemologia era que ela unificava os elementos do ser e colocava o homem em contato imediato com uma realidade genuinamente objetiva. A fragilidade dessa teoria, porém, há de ser óbvia. A teoria inteira se baseia num conjunto de pressupostos que não tem como ser verificado por método nenhum, racional ou empírico. Sua principal exigência de concordância estava no apelo emocional que tinha para homens que queriam acreditar na visão unificada que ela oferecia. Para o coração, essa exigência não é pouca coisa, como mostrou o ressurgimento de Aristóteles na Idade Média, mas o intelecto questionador é mais difícil de contentar. O monumento construído por Aristóteles foi destruído ao longo de séculos por céticos que vão de Pirro a Sexto Empírico. Foi só dezesseis séculos após sua morte que Aristóteles conquistou a adesão de grande parte do mundo ocidental.

A civilização moderna assistiu ao renascimento de todos esses sistemas de pensamento sob diversas formas. As especulações filosóficas do início da Idade Média tinham orientação sobretudo platônica. A ênfase dada por essa tradição ao lado espiritual da realidade provavelmente fez com que ela parecesse particularmente adequada a adaptar-se a um quadro cristão de referências, especialmente porque durante boa parte desse período o lado material da vida deve ter parecido extremamente difícil. Na alta Idade Média, porém, o homem ocidental voltou a recuperar a confiança na realidade e, por conseguinte, voltou a ter interesse em lutar com a matéria. A redescoberta de Aristóteles mais ou menos nessa época trouxe instrumentos intelectuais para que se recomeçasse a tentar explicar a relação entre o espírito e a matéria e a analisar a estrutura da realidade física. Provavelmente é significativo que a pessoa mais importante pelo ressurgimento de Aristóteles na Idade Média europeia fosse não apenas um teólogo, mas também um dos cientistas mais importantes da época: Alberto Magno.

Foi Tomás de Aquino, aluno de Alberto, que concluiu o trabalho de adaptar Aristóteles a um quadro de referências cristão. O resultado foi uma visão unificada do homem, com o corpo e a alma organicamente unidos, à vontade na carne e na terra. O universo maior era um cosmos divinamente ordenado cujo centro era o homem, o devido herdeiro da criação. Essa visão foi poeticamente formulada na *Divina Comédia* de Dante, um autor pelo qual Beckett teve interesse desde os tempos de faculdade e que foi uma importante influência em sua obra.[20]

Todavia, a síntese não se manteve por muito tempo. Não muito depois de Dante ter terminado de transmutar sua visão em *terza rima*, outros pensadores, sobretudo Guilherme de Ockham e Nicholas de Autrecourt, começaram a solapar suas bases. Ockham e Autrecourt questionaram os pressupostos mais fundamentais da epistemologia aristotélica: a realidade das formas enquanto objetos de intuição intelectual, a confiabilidade dos sentidos e até o princípio de causalidade. Quando o método de dúvida sistemática de René Descartes chegou para novamente dividir o homem em mente e corpo unidos apenas pela mais tênue e misteriosa das conexões, o campo de ataque já estava bem preparado.

Do dualismo de Descartes até David Hume foi só um passo. Descartes tinha nostalgia da antiga ordem, como Beckett mostra em "Whoroscope", seu antigo poema sobre Descartes, e tentava manter o homem, se não como uma união de mente e corpo, ao menos como uma reunião mecânica das duas coisas.[21] Alguns de seus seguidores, como Arnold Geulincx, um dos autores favoritos dos beckettianos Murphy e Molloy,[22] desenvolveu uma escola conhecida como

---

[20] Ver Eugene Webb, *Samuel Beckett: A Study of His Novels*. Seattle, University of Washington Press, 1970; Londres, Peter Owen, 1970, p. 22-25.
[21] Em Samuel Beckett, *Poems in English*. Nova York, Grove Press, 1961, p. 11-17. Ver Eugene Webb, *Beckett: Novels*, p. 26-27.
[22] Ver ibidem, p. 26-27, 44.

ocasionalismo, a partir da teoria de que os sistemas mental e físico correm em pistas separadas, mas paralelas: não sentimos o calor da chama, mas sentimos uma impressão mental do calor precisamente no momento em que a mão física se aproxima do fogo. O problema com um dualismo desse tipo é que ele não oferece nenhuma razão além daquela emocional para que se continue a acreditar que o mundo material exterior efetivamente existe. O bispo Berkeley, outra figura que faz parte do plano de fundo das obras de Beckett,[23] observou exatamente isso, mas até mesmo ele queria preservar alguma crença na realidade objetiva da experiência sensorial; ele não acreditava na existência externa dos objetos materiais, mas defendia, a partir da boa fé de Deus, a ideia de que uma corrente ordenada de impressões sensoriais mentais sob controle divino constituía uma espécie de realidade objetiva. David Hume foi o primeiro pensador no mundo moderno a levar essa análise à sua conclusão lógica.

Usando uma combinação do método de dúvida sistemática de Descartes e do empirismo de John Locke, Hume analisou todos os pressupostos tradicionais básicos do homem até que não sobrasse nada. Sob seus olhos, a substância espatifou-se numa multiplicidade de impressões conectadas apenas por um hábito mental; a causalidade foi reduzida a uma pura associação mental de duas coisas percebidas contiguamente no espaço e no tempo, *post hog ergo propter hoc*; e até o eu, a *res cogitans* que Descartes considerava a única certeza firme e sólida, dissolveu-se numa variedade de impulsos e ideias fragmentários.

Os romances e as obras ficcionais mais curtas de Beckett recapitulam esses desenvolvimentos do pensamento moderno. A maioria de seus personagens tem fascínio pela visão de unidade de Dante, mas eles

---

[23] Berkeley é mencionado na fala de Lucky, em *Waiting for Godot*, p. 29, e "*esse et percipi*", o princípio de Berkeley, é citado pelo próprio Beckett nas notas a *Film*, em Samuel Beckett, *Cascando and other Dramatic Works*, Nova York, Grove Press, 1968, p. 75.

percebem, com maior ou menor clareza, dependendo do caso, que ela se perdeu para sempre. Por conseguinte, eles procuram outras explicações para a existência, experimentando uma após a outra e abandonando-as assim que suas inadequações se tornam inevitavelmente claras. Como todos os homens, eles se ressentem de estar privados da certeza e agarram-se a cada conjunto de ideias pelo máximo que podem. Murphy anseia por ser como o Belacqua de Dante no antepurgatório do *Purgatório*,[24] mas como essa condição não é acessível ao homem de carne e osso, ele busca libertar-se desse mundo por meio de um misticismo feito de pitagorismo e de dualismo cartesiano. O livro deixa bem claro que tudo isso não passa de pensamento positivo por parte de Murphy. A demanda de Watt, em *Watt*, pela visão de Knott, tem paralelo na demanda de Dante pela visão de Deus, mas no caso de Watt a visão é demolidora: Knott, quando finalmente é visto, não tem figura definida, mudando toda a sua aparência continuamente, de instante a instante.[25]

A trilogia – *Molloy*, *Malone Morre* e *O Inominável*[26] – segue os passos de diversos personagens intimamente relacionados, talvez corporificações sucessivas de uma única consciência, à medida que são levados da aceitação ingênua do pensamento convencional à mais radical das incertezas. Moran, o menos desiludido do grupo quando o conhecemos, é católico como Dante, mas ao longo de sua história vemos sua visão do universo mudar de dantesca para kafkiana. Molloy e Malone já estão relativamente mais adiantados

---

[24] *Purgatório*, canto IV. Beckett tirou desse personagem o nome que deu ao protagonista de sua primeira coletânea de contos, *More Pricks than Kicks*. Londres, Chatto and Windus, 1934. Ver Eugene Webb, *Beckett: Novels*, p. 23, 44-45.
[25] Ver Eugene Webb, *Beckett: Novels*, p. 24, 62-63.
[26] Os volumes da trilogia foram publicados como: *Molloy*, Paris, 1951; *Malone Meurt*, Paris, 1951; e *L'Innomable*, Paris, 1953, todos publicados pelas Éditions de Minuit. As traduções inglesas, todas publicadas pela Grove Press, são *Molloy*, Nova York, 1955; *Malone Dies*, Nova York, 1956; e *The Unnamable*, Nova York, 1958. Todas as traduções foram feitas pelo próprio Samuel Beckett, à exceção de *Molloy*, que ele traduziu em colaboração com Patrick Bowles.

no caminho da desilusão, mas mesmo eles ainda creem na existência do eu e, em menor medida, no livre-arbítrio. O Inominável, no começo de seu volume, encontra-se num estado de pós-morte em que ele não consegue mais se mover, mas apenas pensar. Ele decide passar o tempo contando histórias. À medida que fica entediado com as histórias e tenta parar de contá-las e parar de pensar em possíveis explicações para seu estado – que espécie de lugar é aquele, quem está no controle, o que se espera dele, etc. – ele percebe que não tem controle nenhum de seus pensamentos. As histórias e as especulações simplesmente estão ali, na sua mente. E à medida que ele reflete mais e mais a respeito disso tudo, até a mente que ele é deixa de ser uma certeza; ele sabe apenas que os pensamentos estão lá, não que são dele. A visão com que ele conclui é muito próxima da de David Hume. De fato, ainda que tenha sido escrita há duzentos anos, a descrição de Hume da mente em sua discussão da identidade pessoal é um comentário perfeito à descrição do Inominável:

> A mente é uma espécie de teatro, em que diversas percepções aparecem sucessivamente; passam, repassam, somem e misturam-se numa variedade infinita de poses e de situações. Não há exatamente simplicidade em momento algum, nem identidade em momentos diferentes, independentemente das propensões naturais que tenhamos a imaginar essa simplicidade e essa identidade. A comparação com o teatro não nos deve enganar. São apenas as percepções sucessivas que constituem a mente; não temos sequer a menor noção do lugar onde essas cenas são representadas, nem dos materiais de que elas se compõem.[27]

Essa visão devastadora era o resultado lógico da crítica cartesiana da adaptação medieval de Aristóteles. Outro movimento que começou como uma rebelião contra a visão de mundo medieval, e que poderia

---

[27] David Hume, *A Treatise of Human Nature*. Ed. I. A. Selby-Bigge. Oxford, Clarendon Press, 1888, p. 253.

parecer à primeira vista ter tido sucesso em estabelecer uma posição segura para o homem no universo, é a ciência moderna. À sua própria maneira, porém, esse movimento também contribuiu para o desenraizamento do homem do século XX.

O desenvolvimento da ciência da mecânica ao fim da Idade Média, realizado por homens como Roger Bacon, Thomas Bradwardine e John Buridan não apresentou qualquer ameaça particular à visão antropocêntrica que caracterizava a visão de mundo medieval, mas o que realmente demoliu a imagem que se tinha das coisas foi a revolução heliocêntrica na astronomia, liderada por Copérnico, Kepler e Galileu, aquele "vil velho copernicano filho de um vivandeiro que ficava jogando chumbo por aí", como o Descartes de Beckett se refere a ele em "Whoroscope". Esse movimento começou como uma tentativa consciente por parte de Copérnico e de Kepler de reviver o culto pitagórico da proporção geométrica; na verdade, Kepler até preparou uma elaborada análise da harmonia das esferas, inclusive com escalas musicais.[28] Com otimismo, eles esperavam que isso fosse dar ao homem uma cosmologia simples, simétrica e bela.

A esperança não deu fruto, porém. O movimento que os neopitagóricos começaram acabou por reviver de diversas maneiras também as outras filosofias do atomismo e do hilozoísmo, e o resultado final foi o desenvolvimento, no século XX, de uma cosmologia em que os velhos absolutos do espaço e do tempo foram reduzidos a relatividades, e de uma física atômica em que as partículas não podem mais ser distinguidas de ondas, ou, em termos aristotélicos, em que a substância não pode mais ser distinguida dos acidentes.[29]

---

[28] Ver Edwin Arthur Burtt, *The Metaphysical Foundations of Modern Physical Science*. Londres, Routledge and Kegan Paul, 1932, p. 52-55, 63.

[29] A importância do atomismo em nosso século é óbvia. O hilozoísmo pode ser visto nas tentativas recentes de se remontar toda a matéria a uma origem comum num único elemento, como, por exemplo, o hidrogênio, e a íntima associação entre espírito e matéria num pensador como Teilhard de Chardin.

O homem, em nossa era, é herdeiro de séculos de análises que deixaram a experiência em fragmentos, e que fizeram do homem um estranho num universo ininteligível. A literatura do absurdo é uma expressão do estado mental produzido por essa situação. Somos impelidos por nossa própria natureza a buscar entendimento, mas a razão, o único instrumento que temos com que buscá-la, mostrou-se um instrumento desajeitado e frágil. O Inominável de Beckett fala em nome de muitos quando descreve a frustração de ter que sempre tentar entender o ininteligível: "Que se me peça o impossível, bem, o que mais se me pode pedir? Mas que absurdo! A mim, que reduziram à razão".[30]

É a partir dessa visão que Beckett teve de tentar criar arte. Fazer isso significa tentar algo praticamente impossível: corporificar, na forma, uma apresentação da informidade da experiência humana no século XX. Beckett não é o único autor que sentiu o impacto desse dilema. Joyce e Céline, nos anos de 1920 e 1930, lutavam contra a mesma questão. Nos anos de 1940, enquanto Beckett trabalhava em *Watt*, nos romances da trilogia e em *Esperando Godot*,[31] Thomas Mann, em seu *Doutor Fausto*, contava a história de um compositor que, percebendo que toda a cultura humana se degenerara num clichê, tentava sozinho dar um "salto" para uma nova visão que novamente tornaria a arte possível.

Em 1949, mesmo enquanto estava criando algumas de suas maiores obras, Beckett parece ter sentido que todo seu esforço era fútil. "Ser artista é fracassar", escreveu num ensaio a respeito das pinturas de Bram van Velde, seu amigo.[32] Van Velde, dizia Beckett, tinha se tornado pintor abstrato porque a pintura figurativa era impossível: não

---

[30] *The Unnamable*, p. 70.
[31] Uma cronologia das obras de Beckett, trazendo tanto as datas de composição como as datas de publicação (que às vezes têm diferenças consideráveis), pode ser encontrada em Hugh Kenner, *Samuel Beckett: A Critical Study*. Nova York, Grove Press, 1961; Berkeley e Los Angeles, University of California Press, 1968, p. 26-28.
[32] *Bram van Velde*. Nova York, Grove Press, 1960, p. 13.

existia mais realidade a representar. A arte tradicional se reduzira a uma sequência de tentativas teimosas e fúteis de ajustar-se a uma realidade que há muito já tinha desaparecido, "numa espécie de tropismo na direção de uma luz, a respeito de cuja natureza as opiniões continuam discordantes, e com uma espécie de terror pitagórico, como se a irracionalidade de pi fosse uma ofensa à divindade, para nem falar de sua criatura".[33]

Van Velde, diz, teve sucesso ao desistir desse automatismo e submeter-se "à incoercível ausência de relação".[34] Contudo, a solução de van Velde não estava disponível para Beckett. Um pintor pode voltar-se para a pura abstração, assim como um escultor ou um músico. Mas não um escritor. A arte da literatura está inextricavelmente emaranhada ao matagal da experiência concreta. A Beckett restava apenas continuar tentando "encontrar uma forma que acomode a bagunça".[35]

O que ele conseguiu com seus esforços foi notável. Em seus romances e contos, de *More Pricks Than Kicks* a *O Inominável* e *Como É*, ele apresentou uma progressiva explicação, cuidadosamente desenvolvida, de sua visão da "bagunça". É isso que dá a sua ficção como um todo sua continuidade invulgar e coerência geral. As peças continuaram a apresentação dessa descrição, mas, em muitos casos, especialmente nas últimas peças, elas chegaram a tentar ir mais longe. A visão da bagunça, se houvesse uma entrega completa a ela, seria apenas um beco sem saída, e foi isso o que finalmente apareceu nos romances. O próprio Beckett disse, numa entrevista em 1956, que na ficção posterior a *O Inominável* ele estava tendo dificuldades de passar a algo que fosse mais do que uma repetição daquilo que a obra anterior já tinha explorado completamente.[36] Nesse caso, ele estava falando de

---

[33] Ibidem, p. 10.
[34] Ibidem, p. 10-13.
[35] Samuel Beckett citado por Tom F. Driver, "Beckett by the Madeleine", *Columbia University Forum*, IV, n. 3, primavera, 1961, 23.
[36] Israel Shenker, "Moody Man of Letters". *The New York Times*, CV, sec. 2, 6 mai. 1956, I.

Textos para Nada, mas o mesmo problema é evidente em *Como É*. As peças vão nessas duas principais direções, numa tentativa de levar sua arte para além do impasse a que *O Inominável* a trouxera. Uma delas é aquela com que *Como É* também experimentou: a exploração da forma mais ou menos pela própria forma. A outra é a da exploração contínua, a tentativa de diagnosticar mais adequadamente as causas de nosso fracasso e encontrar um caminho além dele. Parece que foi isso que Beckett quis dizer quando falou a Tom Driver que "A única chance de renovação é abrir os olhos e ver a bagunça."[37] Sua obra pode representar o desespero, mas ela não se entrega a ele. O desespero é parte da realidade do nosso tempo, e como artista sincero Beckett teve de ser fiel a essa realidade. Para encontrar um caminho além do absurdo, é preciso atravessá-lo. É isso que as peças de Beckett tentam fazer.

---

[37] Driver, "Beckett by the Madeleine", p. 22.

CAPÍTULO II.
ESPERANDO GODOT

> Pousei um jarro em Tennessee,
> E era redondo, sobre um morro.
> O jarro fez o mato amorfo
> Cercar o morro.
> Wallace Stevens,
> "Anedota do Jarro"[1]

Por ser, como disse Aristóteles, uma criatura que deseja conhecer, o homem não consegue suportar por muito tempo a ausência de sentido. E o sentido, em seu sentido mais básico, é um padrão. Se o homem não consegue encontrar padrões em seu mundo, tentará de todas as maneiras criá-los, ou pelo menos imaginá-los. Se não há um jarro à disposição, então um toco ou uma lata vai servir. *Esperando Godot* é a história de dois vagabundos que impõem a seu mal-arranjado deserto um padrão ilusório, mas defendido com desespero: uma espera. O Godot por quem eles esperam é, na melhor das hipóteses, uma figura vaga, e, provavelmente, os desapontaria se aparecesse, mas enquanto eles conseguirem acreditar que ele virá em algum momento e que ele oferece algum tipo de esperança, eles podem confortar-se a si mesmos com a ideia de que "nesta imensa confusão, uma coisa é clara. Estamos esperando a vinda de Godot" (*Esperando Godot*, p. 51a).

A situação é universal. A única coisa que distingue Vladimir e Estragon de Pozzo, de Lucky e do resto de nós é que, como eles estão privados há muito tempo dos padrões usuais que o homem impõe a seu

---

[1] Wallace Stevens, "Anedota do Jarro". *Poemas*. Trad. Paulo Henriques Britto. São Paulo, Companhia das Letras, 1987, p. 37. (N. T.)

mundo, como a propriedade e os sistemas filosóficos, eles são forçados a concentrar com particular intensidade toda sua esperança nessa última ilusão. Destilada ao essencial, sua situação torna-se um símbolo daquela do homem enquanto homem. Eles são o homem que busca significado num universo absurdo. Quando Pozzo lhes pergunta, no Ato II, quem são, Vladimir responde: "Somos homens" (p. 53). E, no Ato I, Estragon respondera a mesma pergunta com essencialmente a mesma resposta: "Adam" (p. 25).[2] Na parte final da peça, até Pozzo, após ter perdido a maior parte de suas posses e das faculdades que lhe davam sua identidade pessoal e sua segurança, é universalizado da mesma maneira: quando ele responde tanto a "Caim" quanto a "Abel", Estragon comenta: "Ele é a humanidade inteira" (p. 54).

Vladimir e Estragon, representando uma espécie de Everyman composto, encarnam aspectos complementares da natureza humana: Vladimir, o lado intelectual do homem; Estragon, o corpóreo. Seus nomes sugerem suas personalidades. "Vladimir", por exemplo, significa "senhor do mundo",[3] nome que sugere a aspiração do intelecto a dominar o universo, reduzindo-o ao conhecimento, ao passo que "Estragon", a palavra francesa para a erva estragão, é um nome adequado para um personagem tão rasteiro e com apetites físicos tão persistentes. O modo como suas personalidades se complementam mutuamente reflete-se em diversas características. Vladimir tem dificuldades com o chapéu; Estragon, com os sapatos. Vladimir tem "um bafo fedido"; Estragon, "pé de chulé" (p. 31). Estragon pede cenouras e rabanete e fica ansioso para enforcar-se quando acaba sabendo que isso vai lhe proporcionar uma ereção. Vladimir, por outro lado, ainda que não seja imune ao apetite físico, tende a preocupar-se mais com problemas de sentido. Por isso ele é também mais otimista;

---

[2] O texto francês trazia "Catulle" e não Adam, e isso foi levado para o texto britânico. "Adam" parecia ter sido uma emenda com o objetivo de enfatizar a ideia de universalidade. Em hebraico, a palavra significa "humanidade".
[3] Em russo. O nome foi celebrizado por São Vladimir, ou Vladimir I, que consolidou o Estado russo em Kiev e impôs o cristianismo ao povo.

sendo mais pensador, tem uma necessidade maior de procurar explicações e de fabricar esperanças. Há uma ironia significativa no fato de que Vladimir, ainda que seja o mais intelectual dos dois, é aquele cuja inteligência é menos adequada; por não pensar tanto, Estragon tem menos necessidade de conhecimento e, por conseguinte, é menos suscetível às ilusões. Por estar mais disposto a deixar um mistério continuar misterioso, ele consegue apreender melhor a realidade. Temos um exemplo característico quando Vladimir discute as discrepâncias dos quatro evangelistas a respeito dos dois ladrões. A resposta de Estragon é a seguinte: "E daí? Eles não concordam, e pronto, acabou" (p. 9a). Ele consegue permanecer numa ignorância que seria intolerável para Vladimir e, na maior parte das circunstâncias de que trata a peça, uma ignorância aceita voluntariamente é a única atitude razoável.

Pozzo e Lucky, de maneira mais limitada, são também figuras arquetípicas, que representam certos aspectos do homem.[4] É possível descrever sua relação como a do explorador e a do explorado, tendo em mente que esses termos devem ser tomados em seus sentidos mais gerais. Claro que é verdade que Pozzo é um latifundiário escravagista e que Lucky é seu escravo, mas seria simplista demais reduzi-los a símbolos de uma relação econômica, como queria Bertolt Brecht[5]: estão em jogo outros tipos de exploração, igualmente significativos. Pozzo, por exemplo, pode ser interpretado como símbolo da plateia de massas que controla e vilipendia as artes (já que Lucky é dançarino), ou como um mundo não intelectual que usa o pensamento como brinquedo (já que Lucky é filósofo e teólogo). E não se deve esquecer que Lucky está tão apegado à relação quanto Pozzo:

---

[4] Pozzo significa "poça", em italiano. O termo é frequentemente usado para se referir a "fossa".
[5] Brecht propôs que Pozzo se chamasse "von Pozzo", a fim de enfatizar sua importância socioeconômica; ver George Hensel, *Samuel Beckett*. Velber bei Hanover, Friedrich Verlag, 1968, p. 16. Ver também Henry Hewes, "Mankind in the Merdecluse". In: *Casebook on Waiting for Godot*. Ed. Ruby Cohn. Nova York, Grove Press, 1967, p. 67.

Lucky, diz Pozzo, está tentando impressioná-lo para que ele o mantenha em sua posse (p. 21), e chora quando Pozzo fala em livrar-se dele. Ainda que sua relação tenha se mostrado frustrante para ambos, eles parecem ter acreditado em algum momento que lhes traria benefícios. Pozzo diz que Lucky costumava pensar e dançar "de um jeito muito bonito" (p. 26a), ainda que agora trema só de pensar em ter de observá-lo ou de ouvi-lo. Houve um tempo em que Lucky dançava "a farândola, o fling, o branle, a jiga, o fandango e até o hornpipe" (p. 27), mas agora tudo que ele dança é "a Rede", uma representação de sua sensação de estar preso ou emaranhado; e, se Pozzo adquirira Lucky sessenta anos antes na esperança de aprender com ele "a beleza, e graça, a verdade de primeira qualidade" (p. 22a), o pensamento de Lucky desde então caiu numa torturante incoerência.[6] Claro que é esse o destino da arte e do pensamento num universo absurdo. Não nos é dito exatamente o que Lucky procurava quando entrou naquela relação mas, como naquele momento ele está determinadíssimo a manter-se com Pozzo, pareceria provável que aquilo que ele está procurando fosse precisamente essa condição servil. A liberdade é um fardo duro de carregar em um mundo absurdo, e muitos dos personagens de Beckett fogem dela de diversas maneiras: em meio ao caos, a escravidão pode parecer ser algo satisfatoriamente definido.

Se for esse o caso, então a relação de Pozzo e Lucky é um comentário devastador às esperanças de Vladimir e de Estragon. Como eles fizeram de seu Godot uma espécie de autoridade absoluta, ao menos em suas imaginações, sua relação com ele, como a de Lucky com Pozzo, é de escravidão:

---

[6] Pozzo diz que levou Lucky como "knook". A tradução inglesa não explica o que é "knook", mas no texto francês (p. 5) Pozzo diz: "*Autrefois on avait des bouffons. Maintenant on a des knouks*" [Antigamente havia os bobos. Hoje há os knouks]. Um knook seria, então, um intelectual no mundo moderno, que ocupa uma posição similar à do bobo da corte na Idade Média. Nos dois casos o senhor espera ser entretido, mas algumas vezes recebe mais do que isso.

> Estragon: Onde é que entramos? (...)
>
> Vladimir: Entrar? Entramos de quatro.
>
> Estragon: O negócio é assim?
>
> Vladimir: Sua Alteza deseja afirmar suas prerrogativas?
>
> Estragon: Então não temos mais direitos? (...) Perdemos nossos direitos?
>
> Vladimir (*distintamente*): Jogamos eles fora. (p. 13-13a)

Se o que eles querem de Godot é aquilo que Lucky já achou, então a vacuidade de sua esperança é óbvia, ao menos para a plateia. Felizmente para a paz de espírito deles, porém, não é óbvia para eles.

A situação deles, portanto, é a de pessoas que não esperam nada de mais, num universo que não tem nada de mais a oferecer. Enquanto eles esperam e nós observamos, aprendemos algo a respeito de como o homem se comporta nessas circunstâncias. Nós os vemos bolando, com sucesso cada vez menor, jogos para passar o tempo; nós os vemos repetidas vezes tentando entender o ininteligível; nós os vemos cogitando o suicídio, mas sempre achando alguma desculpa para adiá-lo; nós os vemos buscando a companhia um do outro ao mesmo tempo que discutem e falam de como estariam melhor se estivessem separados.

Seu relacionamento mostra como o homem está inevitavelmente isolado dentro de si. Ainda que a companhia um do outro seja uma das poucas distrações que eles têm do tédio e da ansiedade que constantemente os oprimem, seus momentos de verdadeiro companheirismo são evanescentes. Na maior parte do tempo, eles estão apartados um do outro em fluxos de consciência distintos. A mente é não apenas um instrumento ineficiente de entendimento, mas também uma prisão; a necessidade do homem de pensar apenas agrava seu egocentrismo básico. Isso fica claro no próprio começo da peça. A cena tem início com Estragon sentado num montículo, lutando contra uma bota que se recusa a sair. Ao desistir por um momento, ele diz: "Nada a fazer". Vladimir ouve, mas em vez de perguntar o que há de errado, ou se pode ajudar, usa as palavras como trampolim para observações filosóficas genéricas: "Estou começando a ter essa opinião. A vida inteira tentei me afastar dela, dizendo: 'Vladimir, seja razoável, você ainda não tentou tudo'. E voltava a lutar" (p. 7). Algum tempo se passa até que Estragon efetivamente se comunique com ele, e quando eles finalmente falam do mesmo assunto, Vladimir mais uma vez se vale dele como ocasião para uma máxima filosófica: "É preciso tirar as botas todos os dias" (p. 7a). E a empatia tem ainda mais dificuldade de alcançar os egos do que o entendimento:

> Estragon (*com voz débil*): Me ajude!
> Vladimir: Está doendo?
> Estragon (*zangado*): Se está doendo! Ele quer saber se está doendo!
> Vladimir (*zangado*): Ninguém sofre, só você. Eu não conto. Queria só ver o que você ia dizer se você tivesse o que eu tenho.

O que Vladimir tem parece ser gonorreia, já que para ele é difícil e doloroso urinar. Enquanto Estragon continua pedindo ajuda, Vladimir fica falando do seu próprio problema, até que finalmente Estragon consegue tirar sozinho a bota.

Suas reações à chegada do cego Pozzo no Ato II apresentam outro exemplo da mesma tendência. Quando eles ouvem Pozzo e Lucky chegando, Estragon grita: "Deus, tenha piedade de mim!". Vladimir, contrariado, diz: "E de mim?". Mas Estragon grita de novo: "De mim! De mim! Piedade! De mim!" (p. 49a). Depois, quando Pozzo cai e pede ajuda, e eles passam diversos minutos discutindo se ganhariam alguma coisa ajudando-o, Vladimir, ainda que em meio ao processo de decidir-se a ajudar Pozzo, perde-se em seus pensamentos e esquece Pozzo completamente (p. 51-52). Ainda que aqui tenha necessidade de outros, o próprio Pozzo, durante o primeiro ato, quando ainda estava seguro da força que suas posses e sua saúde lhe proporcionavam, era ainda mais impermeável à comunicação do que Vladimir e Estragon. Ele se perdia em longas digressões enquanto eles tinham de repetir as perguntas diversas vezes, tentando pegá-lo num momento em que ele estaria "atento" (p. 20).

Vendo a dificuldade que esses personagens têm de se comunicar uns com os outros, lembramos daquilo que disse Malone a respeito do sr. e da sra. Saposcat, em *Malone Morre*: "Eles não conversavam em sentido estrito. Eles usavam a palavra falada assim como um guarda de trem usa suas bandeirolas, ou sua lanterna".[7] Mesmo quando seus pensamentos iam na mesma direção, o que já era bastante raro, eles corriam por trilhas distintas, ainda que paralelas.

Em circunstâncias normais, o funcionamento da mente, ainda que reforce o isolamento básico do homem, oferece algum conforto: o pensamento pode ser usado para organizar a experiência em padrões. Os tipos de padrões podem variar um pouco, dependendo da mente. Vladimir encontra alguma serenidade no tipo de pensamento que pode ser formulado em máximas, e até Estragon, ainda que menos inclinado à especulação, volta e meia consegue apreciar uma ideia que tenha um belo desenho. Este último, "aforístico ao menos uma vez", diz: "Todos nascemos loucos. Alguns continuam" (p. 51a). Que a ideia não signifique nada é menos importante do que ela parecer que significa. Pozzo, que está mais no controle no primeiro ato que os dois vagabundos, reduz a realidade à submissão impondo-lhe padrões de propriedade. O problema, porém, é que no universo retratado por Beckett as circunstâncias nunca são normais por muito tempo. A mente nunca consegue ficar indefinidamente um passo além da realidade. A verdadeira trama da peça é a história do colapso gradual de todos os padrões ilusórios que parecem dar sentido à experiência.

A ilusão de propriedade é provavelmente a mais frágil delas. Vladimir e Estragon foram privados de todas as ilusões, exceto de alguns restos da ilusão de propriedade, muito antes de a peça começar. Mesmo que eles ainda tenham suas roupas e sejam particularmente apegados

---

[7] *Malone Dies*, p. 11.

a seus chapéus e suas botas, e ainda que Estragon seja apaixonado demais por sua cenoura para deixar de correr e pegá-la quando a deixa cair ao se assustar com a chegada de Pozzo e de Lucky no Ato I, estes não são mais do que vestígios da propriedade. O representante arquetípico do desejo do homem pela posse é Pozzo. Quando ele entra pela primeira vez com Lucky, seu escravo, carregado com seus pertences, ele fica zangado ao ver dois vagabundos esperando em sua terra e acha uma "vergonha" que a estrada seja aberta para todos (p. 16). À medida que o ato continua, porém, a segurança da propriedade gradualmente lhe foge no momento em que suas posses vão desaparecendo, uma por uma. Seu cachimbo, por exemplo, e seu relógio, simplesmente desaparecem. Isso é um golpe na ilusão de poder, mas ainda que ele fique perturbado por não conseguir encontrar essas coisas, ele consegue, no primeiro ato, evitar a percepção completa do que está acontecendo. Ao desistir da busca por seu relógio, ele se conforta pensando que "deve tê-lo deixado na herdade" (p. 31), mesmo que poucos minutos antes ele o estivesse exibindo. Os velhos hábitos de pensamento são um grande conforto e uma importante defesa contra a visão direta da realidade – "O hábito é um grande insensibilizador", como diz Vladimir depois (p. 58a) –, e Pozzo se agarra a eles enquanto pode.[8] Mesmo no Ato II, quando o tempo já erodiu a maior parte do poder que Pozzo tinha, ele ainda se refere a Lucky como "meu servente" (p. 56) e, mesmo que os pertences que outrora encheram as bolsas carregadas por Lucky agora tenham sido substituídos por areia, Pozzo ainda o cavalga.

À medida que os diversos sentidos que davam forma e coerência a suas vidas gradualmente desaparecem, todos os personagens são obrigados a confrontar, ao menos por um instante, antes de encontrar novas defesas ou de remendar as velhas, o absurdo real da existência. Quando eles fazem isso, seu mundo desaba num fluxo sem sentido.

---

[8] Beckett discute detalhadamente a força insensibilizadora do hábito em *Proust*, New York, Grove Press, 1957, p. 7-8.

"Tudo escorre", como Estragon chega a dizer, recordando o rio do devir de Heráclito. "O pus de um segundo nunca é igual ao pus do segundo seguinte" (p. 39).

Mesmo no comcço do primeiro ato, a percepção do absurdo já está começando a ser uma ameaça. É por isso que Vladimir está tão preocupado com o problema do que aconteceu com os dois ladrões. Quando ele tenta criar interesse em Estragon pelo assunto, ele fala disso como um jogo que vai ajudar a "passar o tempo" (p. 9), mas logo fica claro que o mistério dos ladrões é para ele mais do que um simples jogo. Há uma nota de perplexidade real, talvez até de ansiedade, em sua insistência no assunto. O destino dos ladrões, um dos quais foi salvo e o outro danado de acordo com um dos quatro relatos em que "todos" acreditam, torna-se, à medida que a peça prossegue, um símbolo da própria condição do homem num universo imprevisível e arbitrário. Várias outras situações o ecoam, aumentando gradativamente sua importância. Pozzo, por exemplo, diz o seguinte da condição servil de Lucky: "Note que eu poderia perfeitamente estar nas sandálias dele e ele nas minhas. Bastava que a sorte quisesse de outro modo" (p. 21a). Lucky teve sorte, claro, mas do tipo errado. E Godot, que é gentil com um menino mas bate no outro, é tão arbitrário quanto Deus foi com os ladrões ou com Caim e Abel.

Enquanto o pensamento puder encontrar ao menos uma ilusão de sentido, ele ainda é fonte de algum conforto, mas o problema é que ele esbarra sem parar nesses mistérios definitivos, como aquele representado pela história dos ladrões. Quando isso acontece, o efeito é não apenas desorientador, mas também doloroso e, às vezes, excruciante. A fala de Lucky e a resposta dos outros é um bom exemplo. O próprio problema a que a história dos ladrões se refere parece ter tido muito a ver com o colapso da mente de Lucky. A fala começa o assunto de "um Deus pessoal… com barba branca… que das alturas da divina apatia divina atambia divina afasia nos ama muito com algumas exceções por razões desconhecidas mas o tempo dirá…" (p. 28a).

Esse "o tempo dirá" é pensamento positivo, claro, e há muito pensamento positivo na fala: Lucky espera que Deus sofra por compaixão "por aqueles que por razões desconhecidas, mas o tempo dirá, estão mergulhados em tormentos, mergulhados no fogo" e que ele um dia vai "zunir o inferno no céu". Um Deus que já foi definido como incapaz de sentir, de impressionar-se ou de falar, supostamente se importa com o que sucede ao homem. No universo dessa peça, o tempo não só não resolve esses paradoxos, como continuamente força o homem a prestar atenção neles. O resto da fala mostra tanto a persistência da esperança de Lucky quanto a perplexidade e o desespero a que a frustração de suas esperanças específicas o reduz.

Do começo teológico ele passa ao assunto da "antropopometria", na qual está provado "além de toda dúvida, toda dúvida que não aquela que se prende aos trabalhos humanos", provada, isto é, com a certeza mais incerta, mas com força irresistível, "que o homem (...) apesar das passadas da alimentação e defecação, esbanja e lamenta esbanja e lamenta" (p. 29). O progresso humano, isto é, não ajudou. A decadência do homem progride com a mesma constância, apesar das dietas e "pior ainda, por razões ignoradas, apesar das passadas da cultura física, da prática... de tênis, de futebol, de atletismo... toda sorte de esporte".

Do estudo do homem, Lucky passa à natureza e às filosofias que a explicaram. Os quatro elementos de Empédocles de um lado dissolvem-se heracliteanamente em "rios que correm com água que correm com fogo" (p. 29a) e de outro na entropia da morte: "e então a terra, isto é, o ar, e então a terra no grande frio na grande treva o ar e a terra domicílio de pedras no grande frio, ai, ai". E isso "apesar do tênis".

À medida que a fala se aproxima do fim, a imagem de uma terra moribunda se torna um vasto Gólgota: "domicílio de pedras no grande frio (...) a caveira a caveira (...) a caveira, ai, as pedras". A última palavra de Lucky, o oposto da de Cristo, é "interminado". A condição do homem é, implicitamente, quer Lucky perceba quer não, uma crucifixão. A única diferença importante entre a agonia do homem moderno e a de Cristo é, como diz Estragon um pouco depois, que no tempo de outrora "eles crucificavam rápido" (p. 34a). Em nossa época a crucifixão se estende mais, e é menos dramática. "A cada homem sua cruzinha", como diz Vladimir, "Até que ele morre... E é esquecido" (p. 40).

Durante sua fala, os três ouvintes ficam cada vez mais agitados, até que finalmente eles partem para cima de Lucky e o silenciam. Pozzo já ouviu tudo antes, provavelmente muitas vezes, e, por isso, está "deprimido e enojado" (p. 28) desde o começo. Vladimir e Estragon ficam curiosos no começo porque o pensamento, ao menos dessa maneira tão sistemática, não lhes é tão familiar. Ainda que eles ocasionalmente toquem em áreas misteriosas, normalmente evitam ir muito a fundo nelas. Na maior parte do tempo, como contam no Ato II, eles usam a fala como distração para que "não pensem" (p. 40) e "não ouçam... Todas as vozes mortas" (p. 40a) de todos aqueles que pensaram antes. Quando eles as escutam, o mundo se torna "um ossuário" (p. 41a) repleto dos "cadáveres" das velhas ideias. A fala de Lucky é uma janela que dá para o ossuário, e a visão é intolerável.

Silenciar Lucky, conversar e jogar jogos pode adiar um pouco a percepção da futilidade do pensamento, mas a longo prazo a realidade é mais poderosa do que todas as defesas do homem. "O tempo dirá", diz Lucky, e diz, mas de maneira totalmente distinta daquela que ele pretendia. As ideias são necessárias para o homem se ele pretende ordenar sua experiência, mas o tempo acaba erodindo até mesmo as ideias que pareciam as mais sólidas. O efeito no homem é uma lenta tortura. Se as ideias fossem demolidas de modo instantâneo e irreparável, o processo seria muito menos doloroso; a ausência de sentido pelo menos seria algo definido. Ao contrário, porém, o homem é continuamente atiçado por sentidos que sempre parecem um pouco além do seu alcance. Esse tormento era algo que o Watt de Beckett conhecia muito bem. Após ter vivido algum tempo na família do amorfo sr. Knott, Watt descobriu que as coisas e as ideias que as descrevem começaram a esfacelar-se. No caso de um bule, por exemplo, ele percebeu que "ele parecia um bule, era quase um bule, mas não era um bule do qual se podia dizer, Bule, bule, e sentir-se confortado".[9] Nem era possível repousar confortavelmente sobre a ideia de que não se tratava de um bule. A bulidade ficava à sua volta e nem se assentava nem se retirava. "E era exatamente esse ínfimo distanciamento da natureza de um verdadeiro bule que tanto martirizava Watt." Em seus momentos mais perceptivos, Vladimir e Estragon têm a mesma sensação. "Isso está ficando realmente insignificante", Vladimir chega a dizer (p. 44). "Não o suficiente", responde Estragon.

Na maior parte do tempo, contudo, eles sequer têm essa consciência da verdadeira natureza do seu problema. Normalmente, quando não estão se distraindo com conversas superficiais, passam o tempo tentando reduzir o amorfo à forma. Como Watt antes de conhecer Knott, eles tropeçam "em meio à nebulosa substância", procurando certezas que lhes escapam.[10] Como Vladimir tem mais compulsão para pensar e para entender, ele é o mais insistente e o mais atormentado dos dois. Quando o padrão desmorona, é ele quem sente isso com mais intensidade.

Um dos padrões aparentemente mais estáveis a dar forma à existência, e um dos mais perturbadores de se ver desmoronar, é o do tempo. Assim como o mistério dos ladrões, esse assunto está começando a perturbar Vladimir quando a peça inicia e, à medida que a ação progride, ele vai parecendo cada vez mais problemático, levando-o enfim a uma crise de percepção.

O problema começa quando Estragon pergunta a Vladimir o que eles fizeram no dia anterior. Vladimir tinha ficado insistindo que eles estavam em outro lugar fazendo outra coisa, mas não consegue dizer

---

[9] *Watt*, p. 21. Ver Eugene Webb, *Beckett: Novels*, p. 65-66.
[10] *Watt*, p. 227.

onde nem o quê. Quando Estragon insiste em saber, Vladimir tem um acesso de raiva: "Nada é certo quando você está por perto" (p. 10a). Estragon então pergunta se Vladimir tem certeza de que essa é a noite em que eles têm de esperar por Godot.

> Vladimir: Ele disse sábado. (*Pausa.*) Eu acho.
> Estragon: Você acha.
> Vladimir: Devo ter escrito isso em algum lugar...
> Estragon (*bem insidioso*): Mas que sábado? E será que é sábado? Será que não é domingo?... Ou segunda?... Ou sexta?
> Vladimir (*olhando em volta assustado, como se a data estivesse escrita na paisagem*): Não é possível!
> Estragon: Ou quinta?
> Vladimir: Que faremos? (p. 10a-11)

Diante dessas questões, a realidade começa a desabar numa incoerência onírica que Vladimir não consegue suportar. Pode ser por isso que um minuto depois ele se recusa a ouvir Estragon contar um sonho. "Este aqui já basta para você?", pergunta Estragon (p. 11).

Pozzo, como se poderia esperar, é tão apegado a um esquema temporal ordenado quanto a suas posses e, no Ato I, ele ainda está em posição de resistir às dúvidas que começam a consumir Vladimir. Ele tem um relógio e uma agenda e os segura com firmeza. Quando Vladimir diz "O tempo parou", Pozzo leva seu relógio ao ouvido e responde: "Não vá crer numa coisa dessas, meu senhor, não vá crer numa coisa dessas... Creia no que quiser, mas nisso não" (p. 24a). Ainda que ele não perceba naquele momento, quando seu relógio desaparece o que lhe escapa é mais do que apenas uma posse.

Após Pozzo e Lucky saírem, Vladimir volta-se para Estragon e observa como eles mudaram. Estragon, porém, diz que não os conhece. Vladimir, perturbado pelas implicações dessa afirmação, insiste que eles os conhecem sim. Mas as sementes da dúvida foram plantadas novamente: "A menos que eles não sejam os mesmos...", ele diz para si diversas vezes (p. 32).

Essa meditação é interrompida pela chegada do menino, que vem lhes dizer que Godot não virá naquela noite, "mas amanhã com certeza" (p. 33a), e que, por sua vez, contribui para solapar as certezas de Vladimir.

> Vladimir: Já vi você antes, não vi?
> Menino: Senhor, não sei.
> Vladimir: Você não me conhece?
> Menino: Não, senhor.
> Vladimir: Não foi você que veio ontem?
> Menino: Não, senhor.
> Vladimir: Essa é a primeira vez?
> Menino: Sim, senhor. (p. 33-33a)

"Palavras, palavras", diz Vladimir após um silêncio. As palavras, o veículo das ideias do homem, não parecem mais comportar a realidade.

Se o Ato I levanta dúvidas a respeito da relação ordenada entre o presente e o passado, o Ato II demole totalmente o padrão temporal. A didascália diz: "Dia seguinte. Mesma hora. Mesmo lugar" (p. 36a), mas durante o ato Vladimir é confrontado com diversas mudanças, grandes demais para terem acontecido no espaço de um dia. Quando a cena começa, Vladimir entra "agitadamente" (p. 37), talvez porque a ausência de Estragon tenha-o deixado tempo demais com seus próprios pensamentos, e talvez também porque ele ainda não tenha se recuperado totalmente da desorientação do dia anterior. Ele imediatamente para e "olha um bom tempo" para a árvore, que no dia anterior estava nua (ver p. 10), mas que agora "tem quatro ou cinco folhas". Isso claramente o perturba, porque o faz andar "febrilmente" pelo palco, aparentemente procurando por Estragon, seja como fonte de distração, seja como alguém que possa confirmar que efetivamente se está no dia seguinte, na mesma hora, no mesmo lugar.

Essa atividade febril culmina com ele cantando alto uma música que tem grande importância como prenúncio da visão do tempo que se imporá a ele antes de a peça terminar. Ele vai cantando aos poucos, parando em alguns momentos para matutar à medida que seu significado talvez vá se esclarecendo para ele. Reduzida à sua forma simples, ela tem um padrão claramente cíclico:

> Entrou um cão na cozinha
> e roubou um naco de pão.
> Até morrer apanhou
> do cozinheiro, de colherão.
>
> E acorreram todos os cães
> para cavar-lhe seu túmulo,
> E então deixaram na lápide
> um recado aos cães do futuro:
>
> Entrou um cão na cozinha...

A música recomeça de novo de onde parou e se repete indefinidamente. O tempo na canção não é uma sequência linear, mas um momento reiterado indefinidamente, cujo contexto é somente um acontecimento eterno: a morte.

Quando Estragon finalmente chega, Vladimir novamente tem companhia, além de uma chance de reconstruir seu esquema temporal. Primeiro ele tenta fazer Estragon confirmar que aquele é o mesmo lugar em que eles estiveram na noite anterior:

> Vladimir: (...) Você não reconhece esse lugar?
> Estragon (*subitamente furioso*): Reconhecer? O que é que há para reconhecer? Toda a minha porca vida eu rastejei na lama!

> E você vem me falar de paisagem!... Olhe para esse monte de esterco! Eu nunca saí dele! (p. 39a)

A resposta, é claro, não contribui em nada para tranquilizar Vladimir quanto ao lugar, mas também implica que só existe um único lugar, a lama, e assim só há um único tempo, aquele da vida na lama.[11]

Vladimir então tenta reconstruir senão o dia anterior, então o esquema mais amplo do passado, porém igualmente sem sucesso. Ele tenta lembrar Estragon do tempo, alguns anos antes, quando eles colhiam uvas na região de Macon, mas nem ele consegue se lembrar do nome do homem para quem eles trabalharam e Estragon insiste que nunca foi lá: "Eu vomitei o vômito de uma vida inteira aqui, estou dizendo! Aqui! Na região de Cackon" (p. 40).[12] Cackon é um trocadilho com a palavra francesa caca, termo infantil para excremento.[13] Novamente, o que Estragon quer dizer é que tudo que ele conhece do mundo é a lama, ou algo ainda mais desagradável.

Após um pouco mais de conversa, durante a qual Estragon pede a Vladimir que "cante alguma coisa" (p. 41) e ele se recusa – a música parece tê-lo perturbado, já que sua resposta, "Não, não!" sugere o horror de recomeçá-la –, Vladimir finalmente se lembra de que queria perguntar a Estragon como ele explicaria a mudança na árvore: "ontem à noite ela estava toda preta e nua. E agora está coberta de folhas (...) Numa única noite" (p. 42a). "Deve ser primavera", diz Estragon. "Mas numa única noite!", insiste Vladimir. Estragon responde que eles estavam em outro lugar no dia anterior, que o problema é só mais um dos "pesadelos" de Vladimir, e por um momento Vladimir se

---

[11] Para uma discussão mais aprofundada dessa imagem numa obra posterior, ver *How It Is*, romance de Beckett, Nova York, Grove Press, 1964.
[12] No original francês (p. 104), Vladimir se lembra do nome do homem, o sr. Bonnelly, no Rousillon. É claro que, ao fazer a tradução, Beckett julgou que seria bom acrescentar alguma incerteza.
[13] Na versão francesa, os nomes não são Macon e Cackon, mas Vaucluse e Merdecluse. O trocadilho, porém, funciona do mesmo jeito.

sente tranquilizado: "(*seguro de si*): Bom. Não estávamos aqui noite passada. Então o que foi que fizemos noite passada?". A resposta de Estragon a essa pergunta, porém, ecoa sua descrição anterior daquele lugar: "Sim, agora eu me lembro, passamos a noite anterior falando bobagem. Isso já dura meio século". Vladimir está procurando por um esquema temporal com alguma espécie de forma fixa, mas tudo o que ele consegue tirar de Estragon não passa de lama e bobagem, eternas e amorfas.

As coisas parecem que vão assumir alguma forma novamente quando Vladimir vê que Estragon se lembra do chute que Lucky lhe deu no dia anterior e até encontra o lugar onde dói, mas a chegada de Pozzo e Lucky pouco depois destrói essa certeza provisoriamente recuperada. As mudanças que aconteceram com eles, como a frondescência da árvore, são grandes demais para caber na passagem de vinte e quatro horas: Pozzo agora está velho e decrépito, e Lucky está mudo. Quando os ouve chegando, Vladimir ingenuamente espera que a chegada de "reforços" (p. 49a) vá libertá-los de sua estagnação e colocar o tempo de novo em movimento: "O tempo voltou a fluir. O sol vai se pôr, a lua vai nascer" (p. 50). O que acontece, porém, é exatamente o contrário.

Vendo a enorme mudança em Pozzo, Vladimir tem de tentar explicá-la, ao menos no sentido de demarcá-la em algum momento específico de uma escala temporal linear. Mas quando ele pergunta a Pozzo quando isso aconteceu, ele descobre que Pozzo está muito mais desorientado no tempo do que ele:

> Vladimir: Estou perguntando se isso aconteceu assim de repente.
> Pozzo: Acordei um belo dia cego como a Fortuna... Às vezes me pergunto se ainda não estou dormindo.
> Vladimir: E quando foi isso?
> Pozzo: Não sei.
> Vladimir: Mas não foi antes de ontem –

> Pozzo (*violentamente*): Não me questione! Os cegos não têm noção do tempo. As coisas do tempo também são ocultadas deles. (p. 55a)

O próprio Pozzo tenta muito debilmente recuperar algum senso de tempo e lugar – "Será noite?" (p. 55), será "por algum acaso o lugar conhecido como Tabuleiro?" (p. 55a) – mas à medida que Vladimir insiste que Pozzo confirme a relação entre hoje e ontem, ele acaba por impelir Pozzo à visão que ambos vinham tentando evitar:

> Pozzo (*subitamente furioso*): Você ainda não acabou de me atormentar com seu tempo maldito?! Quando! Quando! Um dia, será que isso não basta para você, um dia ele ficou mudo, um dia eu fiquei cego, um dia vamos ficar surdos, um dia nascemos, um dia morreremos, o mesmo dia, o mesmo segundo, isso não basta para você? (...) Elas dão à luz a um passo do túmulo, a luz brilha um instante, e então a noite volta a cair. (p. 57a)

Quando o tempo é visto dessa forma, um ciclo interminável de nascimento e morte repetindo para sempre o mesmo momento eterno, ele deixa de ter fluxo ou direção e, simplesmente, nas palavras do Inominável, "se amontoa à sua volta, instante a instante" em segundos que são "um exatamente como o outro (...) infernais".[14]

Pozzo sai de cena nesse momento, e Vladimir fica para tentar reforçar novamente seu senso de coerência, ainda mais combalido. Ao acordar Estragon, que dormira durante a conversa anterior, experimenta com ele a ideia de que talvez Pozzo não estivesse mesmo cego, isto é, que ele não tenha realmente mudado tanto desde o dia anterior. Estragon, como sempre, não ajuda muito. "Você sonhou isso", diz ele (p. 58), e depois pergunta se Vladimir tem certeza de que Pozzo não é Godot. "De jeito nenhum", responde Vladimir com certeza, mas, depois, "(*Com menos certeza*) De jeito nenhum!" (*Com menos certeza*

---

[14] *Unnamable*, p. 143, 152.

ainda) De jeito nenhum!". Desistindo enfim de tentar entender o que se passou e o que está se passando, ele diz: "Não sei mais o que pensar". Então, quando Estragon volta a dormir, Vladimir passa de sua incerteza radical à visão de tempo cíclico que Pozzo introduzira, mas a que Vladimir até então resistira: "Escarranchado entre o túmulo e o parto difícil. No buraco, lentamente, o coveiro põe o fórceps. Temos tempo de envelhecer" (p. 58). Tudo que o tempo é nessa visão é isto: um momento em que se cresce e se morre, e em que se preenche o ar com "nossos gritos" (p. 58a).

Nesse ponto o menino retorna e dessa vez Vladimir não fica surpreso porque ele não o reconhece. Ele consegue até prever as falas:

> Vladimir: Você tem uma mensagem do sr. Godot.
> Menino: Sim, senhor.
> Vladimir: Ele não virá esta noite.
> Menino: Não, senhor.
> Vladimir: Mas ele virá amanhã.
> Menino: Sim, senhor. (p. 58a)

Depois de algumas perguntas a respeito de se o menino viu Pozzo ou Lucky ou não e sobre a saúde do irmão do menino, Vladimir faz uma última pergunta que acaba tendo um efeito devastador para ele mesmo:

> Vladimir (*gentilmente*): Ele tem barba, o sr. Godot?
> Menino: Sim, senhor.
> Vladimir: Loura ou… (*hesita*) … ou escura?
> Menino: Acho que é branca, senhor.
> *Silêncio.*
> Vladimir: Cristo tenha piedade de nós! (p. 59a)

Claro que, nesse momento, tendo abaixado a maior parte das defesas que normalmente o protegem da visão da realidade, ele compreende a dura verdade de que o Godot que ele imaginou como uma espécie de Deus, isto é, de figura que representa o poder absoluto e o sentido definitivo, é um Deus tão vazio quanto o Deus tradicional, "de barba branca", que Lucky descrevera em sua fala.

Contudo, essa percepção não é fácil de suportar por muito tempo, e Vladimir não é nenhum herói. Ele recua quase que imediatamente. Quando Estragon acorda e sugere que eles "vão para bem longe dali" (p. 59a), Vladimir, reconstruindo a antiga fé por ambos, diz que eles não podem ir muito longe porque têm de voltar no dia seguinte "para esperar Godot". E naquilo que parece mais uma tentativa de reacender sua crença na força da vida, ele diz: "Tudo está morto, menos a árvore". Não foi essa a primeira vez que eles tentaram "voltar-se resolutamente para a Natureza" (p. 41a), e provavelmente não será a última. Ainda que o tempo pare, o homem não consegue parar. Pozzo, após sua visão do vazio e da futilidade da vida humana, reaviva seu Lucky e grita: "Adiante!", ainda que eles não tenham aonde ir e nada para carregar além de areia. Vladimir e Estragon também seguem seu próprio caminho, mas o crítico deve resistir à tentação de interpretar isso como uma afirmação da esperança ou da fortaleza humana por parte da peça. Todos esses personagens seguem adiante, mas na velha rotina, e somente por ter recuado para padrões de pensamento que já foram amplamente desacreditados. No universo dessa peça, "adiante" não leva a lugar nenhum.

CAPÍTULO III.
TODOS OS QUE CAEM

Todos os que Caem,[1] transmitida pela BBC em 13 de janeiro de 1957, cerca de três meses antes da estreia de *Fim de Partida*, foi a primeira peça radiofônica de Beckett, e também sua primeira obra escrita originalmente em inglês desde a redação de *Watt*, quase uma década antes. O retorno ao inglês trouxe consigo o retorno a ambientações mais concretas, algo que continuou nas obras inglesas posteriores, particularmente em *A Última Gravação de Krapp* e *Cinzas*. O local de *Esperando Godot* é um tanto vago e abstrato, assim como o dos romances da trilogia, e como *Fim de Partida*, outra obra em francês, viria a ser. Mas em *Todos os que Caem* estamos em Boghill, uma cidadezinha rural irlandesa palpavelmente realista, com estradas empoeiradas, casas, uma estação de trem, uma pista de corrida e uma igreja.

Apesar da grande diferença de atmosfera, porém, *Todos os que Caem* tem uma relação íntima tanto com *Esperando Godot* quanto com *Fim de Partida* no que diz respeito ao tema. Assim como *Godot*, ela trata da questão da possibilidade de uma vida com sentido para o homem num mundo em que o sentido parece estar sempre fugindo e, assim como *Fim de Partida*, como veremos, ela trata de um conflito entre as forças da vida e as da morte.

Em *Todos os que Caem* essas forças opostas são representadas pela idosa Maddy Rooney e por Dan, seu marido ainda mais idoso, como se vê por suas reações divergentes a diversas crianças. Maddy sofre pelos filhos que não tem, ao passo que seu marido detesta crianças

---

[1] Em Samuel Beckett, *Krapp's Last Tape and other Dramatic Pieces*. Nova York, Grove Press, 1960. As referências de páginas estão entre parênteses.

e, considerando todos os indícios, provavelmente acabou de matar uma mais ou menos na hora em que a peça começa. O estado de decadência física e o desapontamento generalizado de ambos com a vida os une numa desilusão comum, exemplificada quando "riem juntos loucamente", quando Maddy menciona o texto bíblico do qual a peça tira seu título: "Iahweh ampara todos os que caem e endireita todos os curvados" (p. 88).[2] Porém, ao mesmo tempo, suas atitudes básicas em relação à vida são bastante opostas. Dan passou a vida inteira morrendo impacientemente, enquanto Maddy, ainda que muitas vezes tomada de desespero e, por conseguinte, impelida a pensamentos de morte, sempre foi fundamentalmente atraída para a vida. O problema dela nunca foi falta de desejo de viver, mas a ausência de condições, tanto pessoais quanto em seu meio social e cultural, que teriam permitido que ela vivesse uma vida plena.

Dan obviamente tem sido parte do problema. Como ele diz, eles tendem a ir em direções opostas: "você para a frente, eu para trás. O par perfeito. Como os condenados de Dante, de cara pra trás"[3] (p. 74-75). Como era de se esperar, foi Maddy quem pediu Dan em casamento, arrastando-o, ao menos segundo sua descrição, de volta para uma vida da qual ele sempre conseguia escapar: "No dia em que você me pediu em casamento, os médicos desistiram de mim. Você sabia disso, não sabia? Na noite em que você casou comigo, vieram me buscar de ambulância" (p. 75). A relação é muito parecida com aquela que há em *Murphy* entre Murphy e sua Celia, a última mulher cuja psicologia Beckett descreveu em profundidade.[4] Ali se podia ver um conflito parecido entre um homem que queria fugir do mundo e uma mulher que queria viver nele e precisava do homem para fazê-lo. Murphy e Celia eram bem mais jovens, claro, e Murphy conseguiu realizar sua fuga, ou ao menos tropeçar nela – ele explodiu em mil pedacinhos em circunstâncias que

---

[2] Salmos 145,14.
[3] Dan se refere ao destino das bruxas e dos adivinhos na quarta divisão do Malebolge em *Inferno*, Canto XX.
[4] Ver Eugene Webb, *Beckett: Novels*, p. 50-51.

nunca foram totalmente explicadas –, mas a situação essencialmente é a mesma: Maddy e Dan são aquilo que Murphy e Celia poderiam ter se tornado na velhice se ela tivesse conseguido se casar com ele e fazê-lo permanecer em algum emprego, como ela queria.

A história de *Todos os que Caem* é o desdobramento gradual dessa situação, e como se trata de uma peça radiofônica, boa parte disso é comunicado por efeitos sonoros. Os primeiros sons que ouvimos anunciam os temas e apresentam as forças opostas da peça. Primeiro os sons dos animais, que representam a vitalidade da natureza: "Sons rurais. Cabras, pássaro, vaca, galo, separadamente, depois juntos" (p. 33) – sons que depois reaparecem em diversos momentos da peça, sempre para contrastar a fertilidade da natureza não humana com a esterilidade do homem. Então, depois de um silêncio, vem o som de Maddy andando pela estrada rural até a estação ferroviária para encontrar seu marido, e o som dela "arrastando os pés" simboliza as agruras da condição humana: a idade, a decadência, a intratabilidade da carne. Enquanto Maddy caminha, ela escuta outro som: "Música distante de casa próxima. 'A Morte e a Donzela'". "Pobre mulher. Completamente sozinha naquela velha casa em ruínas", diz Maddy para si mesma. Ela para para ouvir, a música fica mais alta e vai sumindo enquanto Maddy se vai, cantarolando a melodia.

O simbolismo dessa música é muito importante para a peça. Ela apresenta a morte simultaneamente como uma fuga atraente e como a destruição de uma possibilidade. O poema *Der Tod und das Mädchen*, de Matthias Claudius, que serviu de inspiração para a música de Schubert, é um diálogo entre a morte, tentadora, e uma donzela tentada, mas temerosa:

Das Mädchen: Vorüber! Ach, vorüber!
geh, wilder Knochenmann!
Ich bin noch jung, geh, Lieber!
und rühre mich nicht an.

Der Tod: Gib deine Hand, du schön und zart Gebild!
Bin Freund und komme nicht zu strafen.
Sei gutes Muts! ich bin nicht wild,
sollst sanft in meinen Armen schlafen!

"Afaste-se, afaste-se, vá, homem feroz de ossos", diz ela, "ainda sou jovem, vá, Lieber, e não me toque!" Lieber, o termo com que ela se dirige a ele, significa "amante" ou "querido": aqui ele é tanto uma súplica quanto um termo carinhoso, refletindo seu conflito interior em relação à atração que a morte tem por ela. A resposta da morte é: "Dê-me a mão, jovem e doce criatura! Sou amigo e não venho machucar. Não tenha medo! Não sou feroz; dormirás gentilmente em meus braços!" É significativo que a menina seja uma virgem, um potencial veículo de procriação, e não uma mulher já realizada. A morte será para ela um conforto, mas também lhe negará a possibilidade de desenvolver-se até atingir o ser feminino completo.

Maddy é outra mulher que foi privada dessa realização. Assim como a mulher completamente sozinha na "velha casa em ruínas", Maddy, em seu corpo envelhecido, está sozinha e em ruínas. Já bem distante da idade fértil, ela sofre continuamente com a ideia do filho que nunca teve, ou que talvez tenha tido e perdido. Volta e meia ela para e chora por sua "Minnie! Pequena Minnie!" (p. 37 e 42, por exemplo), que, se tivesse vivido, ou nascido, hoje teria quarenta ou cinquenta anos e estaria ela mesma "apertando seu pequeno cinto, preparando-se para a mudança" (p. 42).

O marido de Maddy parece ter tido um grande papel em sua infertilidade, ao menos a partir das pistas que recebemos. É óbvio que, com seu ódio por crianças, seria improvável que ele quisesse que ela tivesse um filho, e, pelo que ela diz, parece que ele nunca se esforçou muito para lhe dar essa oportunidade: "Amor, foi só isso que eu pedi, todo dia, duas vezes por dia, cinquenta anos de amor duas vezes por dia, como a freguesa de um açougueiro de cavalo, que mulher normal quer afeto? Um beijinho na bochecha de manhã, perto do ouvido, e outro de noite, smack, smack, até você ficar com costeletas" (p. 37).

Ela provavelmente nem recebeu tantos beijinhos; quando ela encontra Dan na estação e lhe pede um beijo, ele fica indignado: "Beijar você? Em público? (…) Você ficou louca?" (p. 67).

Agora ela já passou há muito da época da vida em que a fertilidade poderia produzir alguma coisa além de costeletas. Não há mais futuro à sua frente. Como ela diz a Christy, o carreteiro, quando ele pergunta se ela tem alguma utilidade para o adubo que ele está levando para o mercado, "O que é que iríamos querer com adubo a essa altura em nossas vidas?" (p. 35). Outros podem plantar jardins, mas, para Maddy, não resta nada além de esperar a morte.

Ao mesmo tempo, porém, o lado de sua natureza que foi privado de realização não está pronto para aquiescer a essa esterilidade, nem para deixá-la em paz. Às vezes ele revive na forma de uma alegria pela vida na natureza, como quando ela deixa de pensar nos beijinhos que só fazem produzir costeletas e diz: "Olha aquele belo laburno de novo" (p. 37). Outras vezes ele toma a forma de uma ansiedade sexual aguda. Os olhos da muar de Christy, o híbrido estéril de uma jumenta e de um garanhão, atormentam-na, como se ela sentisse que o animal reconhece nela uma esterilidade igual à dele. E quando ela encontra o sr. Tyler pouco depois, sua conversa com ele tem um fundo forte de sexualidade frustrada. A tentativa brincalhona do sr. Tyler de flertar com ela, sugerindo que ela poderia ficar mais firme em sua bicicleta se permitisse que ele pusesse levemente as mãos em seus ombros, desencadeia outra irrupção como aquela dos beijinhos na bochecha: "Não, sr. Rooney, quer dizer, sr. Tyler, estou cansada de mãos velhas e leves em meus ombros e em outros lugares insensíveis, absolutamente cansada delas" (p. 39). O lapso dela ao chamar o sr. Tyler de "sr. Rooney" é obviamente significativo, sobretudo porque ela o repete poucas páginas depois (p. 42). Ela está expressando contra o sr. Tyler o ressentimento que sente contra o marido que não lhe proporciona o tipo de amor que ela quer. Enquanto eles andam, ela ouve o arrulhar dos pombos (p. 41), um chamado de acasalamento, e isso a recorda de sua Minnie perdida, levando-a a parar na estrada e chorar, e, por fim, a afugentar o sr. Tyler. Depois que ele se vai, o arrulhar, repetido, provoca outra explosão que desnuda toda sua angústia.

> (*Arrulhos*.) Pássaros de Vênus! Fazendo festa pelos bosques o verão inteiro. (*Pausa*.) Ah, maldito espartilho! Se eu pudesse tirá-lo, sem qualquer indecência. Sr. Tyler! Sr. Tyler! Volte e me desamarre atrás da cerca! (*Ela ri loucamente e para*.) O que há de errado comigo, o que há de errado comigo, nunca tranquila, a pele queimando, a cabeça fervendo, ah, virar átomos, átomos. (*Febril*.) ÁTOMOS! (p. 43)

O sr. Tyler, é claro, provavelmente seria tão incapaz quanto o marido de Maddy de lhe dar o que ela realmente quer, uma participação genuína na vitalidade da natureza; ele mesmo é tão desinteressado pela vida e até hostil a ela quanto Dan. Ele consegue fazer piada com a histerectomia da filha – "Tiraram tudo, sabe, toda o… bem… saco de truques" (p. 38) – e num dado momento, quando Maddy lhe pergunta sobre o que é que ele está resmungando, ele responde: "Eu estava só xingando baixinho Deus e o homem, e a úmida tarde de sábado em que fui concebido" (p. 39).

Um traço característico dos homens que contribui para a distância deles do mundo natural em que Maddy gostaria de desempenhar um papel mais ativo é a tendência que eles têm para a abstração, a preferência pelo artificial e pelo mecânico àquilo que é orgânico e vivo. Dan, por exemplo, prefere os cálculos mentais, como as computações monetárias ou a contagem dos degraus da estação, à experiência imediata. "Não contar!", diz ele, "Uma das poucas satisfações na vida?" (p. 71), numa cena em que Maddy está tentando convencê-lo a subir os degraus de modo concreto em vez de simplesmente calcular seu número. "Não, apenas se agarre em mim e tudo vai dar certo", diz ela, tentando chamá-lo de volta a ela e à imediatez da vida. Outro exemplo é a tendência de Dan de ter mais interesse pelas etimologias das palavras e pelas leis que as governam – ele menciona, por exemplo, a derivação do gaélico *fir* do latim *vir* segundo a Lei de Grimm (p. 82) – do que por seu valor de instrumento de comunicação. A ideia que ele tem de uma vida ideal seria não fazer nada além de sentar, "contando as horas – até a próxima refeição" (p. 72). E, já cego, ele também gostaria de ficar também surdo e mudo, totalmente isolado do mundo da natureza.

O sr. Tyler não é tão obcecado por cálculos quanto Dan, mas ele também está associado com o mecânico por causa da bicicleta em que anda, e o homem que Maddy encontra logo depois do sr. Tyler é o sr. Slocum, que está de carro, aquele tipo de "grande e ruidosa máquina" que Maddy considera uma praga. Provavelmente é significativo que Maddy tenha dificuldade em entrar no carro quando o sr. Slocum lhe oferece uma carona, só conseguindo após muita dificuldade, e à custa de rasgar o vestido, e que, quando o carro parte e o motor reclama, eles atropelam uma gansa. "Mamãe, você esmagou ela", diz Maddy.

A incapacidade dos homens de valorizar a vida natural não é, porém, a única fonte da doença desse mundo, e a incapacidade de Maddy de viver não vem apenas de não ter se realizado como mulher na maternidade. O verdadeiro problema da vida, tanto para Maddy quanto para os demais habitantes de Boghill, é algo muito mais fundamental e mais complexo. Uma das reclamações de Maddy: "Ah, eu sei que sou só uma velhota histérica, arrasada pela tristeza e pela dor e pela burguesice e pela carolice e pela gordura e pelo reumatismo e pela esterilidade" (p. 37). É significativo que a esterilidade e a decadência física não sejam as únicas aflições que ela menciona; a burguesice e a carolice também estão entre as forças que a destruíram. O maior problema desse mundo é uma incapacidade tanto de Maddie quanto da comunidade de que ela faz parte de viver num nível mais profundo do que o das convenções superficiais. O tipo de burguesice que isola as pessoas umas das outras, aprisionando-as na civilidade, o tipo de vida religiosa que se preocupa mais com as aparências do que com qualquer realidade, e de modo geral o tipo de timidez que inibe qualquer impulso para o pensamento e a experiência individuais – tudo isso é que reduz a vida de Boghill à esterilidade. Isso provavelmente é parte daquilo que Maddy quer dizer quando fala: "Não estou meio viva, nem perto" (p. 41) – não só que sua vitalidade foi reduzida pela idade, mas também que ela nunca esteve viva mais do que parcialmente.

Prova viva da força asfixiante das convenções em Boghill é o sr. Barrell, que cuida da estação. "Há quanto tempo o senhor é responsável pela estação, sr. Barrell?", pergunta Maddy.

> Sr. Barrell: Nem pergunte, sra. Rooney, nem pergunte.
> Sra. Rooney: Você começou exatamente onde o seu pai parou, não foi?
> Sr. Barrell: Pobre papai! (*Pausa reverente.*) Ele não viveu o bastante para aproveitar seu sossego.
> Sra. Rooney: Lembro dele muito bem. Um sujeito baixinho e esforçado, um viúvo de bochechas vermelhas, surdo feito uma porta, nervoso e agitado... Imagino que o senhor também vá se aposentar logo, sr. Barrell, e vai cuidar das suas rosas. (p. 52)

A escolha de vida do sr. Barrell, motivada por uma combinação de reverência e de falta de imaginação, transformou-o numa mera fotocópia de seu pai. Que a semelhança é completa, inclusive no nervosismo e na agitação, fica claro pelo "soco no estômago" (p. 59) que ele dá em Tommy, seu assistente, pouco depois.

Provavelmente o melhor exemplo na peça da força insensível e perversa da convenção é a srta. Fitt,[5] a própria encarnação da "burguesice" e da "carolice". Como sugere o múltiplo trocadilho de seu nome, ela

---

[5] No original, "Miss Fitt". "*Fit*" significa "ajustar, encaixar". "*Misfit*" significa "desajustado". (N. T.)

é simultaneamente uma desajustada na cidade, por ser tão abstraída e indiferente aos outros, e ao mesmo tempo perfeitamente ajustada, porque as qualidades mesmas que a distinguem das outras pessoas da cidade são versões exageradas e caricaturais dos traços essenciais da vida que todos eles compartilham.

A primeira notícia que temos da srta. Fitt é o som de sua voz cantarolando um hino. Ela está tão isolada em seu piedoso devaneio que sequer percebe Maddy, que precisa gritar para ser reconhecida: "Srta. Fitt!... Será que sou invisível, srta. Fitt? Será que esse cretone está tão perfeito em mim que já me confundo com as paredes?" (p. 54). Quando Maddy a recorda de que no domingo anterior elas "rezaram juntas... ajoelharam-se lado a lado no mesmo altar... beberam do mesmo cálice", a srta. Fitt explica que na igreja ela está "a sós com [seu] Criador", tão a sós com ele que está alheia a tudo à sua volta, inclusive – talvez especialmente – à cesta da coleta, e que nos dias da semana também fica sempre "distraída, muito distraída" (p. 55). Ela nunca está presente em seu mundo: "Suponho que a verdade seja que minha cabeça está em outro lugar, sra. Rooney, totalmente em outro lugar" (p. 55). A religião é, para ela, uma fuga para dentro dela mesma, e fica ressentida se qualquer pessoa tenta violar sua privacidade. Fica histérica, por exemplo, quando Maddy tenta entoar o hino junto com ela, cantando a letra.

Como sua vida religiosa é insular, resta-lhe pouco espaço para a preocupação com os outros. Quando Maddy pede ajuda para subir os degraus da estação, a srta. Fitt mal consegue esconder a irritação: "Você quer então que eu dê o braço? (*Pausa. Impaciente.*) A senhora quer que eu dê o braço, sra. Rooney, ou o quê?" (p. 57). "Seu braço!", explode Maddy, "Qualquer braço! Uma mão que me ajude! Por cinco segundos!". Quando esse tipo de apelo à caridade só consegue produzir uma reclamação que Maddy simplesmente nem deveria fazer, ela decide usar uma arma mais eficaz: a opinião convencional. "Desça aqui, srta. Fitt, e me dê seu braço, antes que eu berre pela paróquia inteira!". Essa ameaça funciona onde o apelo à empatia fracassou, e a srta. Fitt fica persuadida de que "é isso que os protestantes fazem". Até mesmo em relação à própria mãe os sentimentos da srta. Fitt mal ultrapassam seus interesses puramente egocêntricos: ao pensar que o atraso na chegada do trem pode ser o resultado de um acidente, ela expressa sua preocupação de um jeito que revela seu verdadeiro foco: "Oh! Mãe querida! Vai perder uma solha fresquinha para o almoço!" (p. 63).

O uso da religião como fuga da vida pela srta. Fitt recorda a música "A Morte e a Donzela", e desdobra ainda mais seu simbolismo. A srta. Fitt é outra donzela que foge da vida de mulher para uma espécie de morte. Que a morte é o objetivo consciente de suas aspirações religiosas é algo bastante óbvio quando se considera suas explicações de por que está tão "distraída": "Eu vejo, ouço, cheiro e tudo mais... mas meu coração não está nessas coisas... Deixada a sós, sem ninguém por perto, eu logo voaria... para casa" (p. 55-56). E é característico que o hino que ela cantarola – *Lead, Kindly Light* [Vá à Frente, Luz Gentil], de John Henry Newman – continua assim: "A noite é escura e eu estou longe de ca-asa" (p. 58).

Do jeito como está, a vida que essa religião proporciona à "sombria srta. Fitt", que é como ela é chamada tanto por si própria quanto pelos outros (p. 55, 59), é ela mesma uma espécie de morte em vida. Ela já está isolada da vida da natureza por uma donzelice perpétua, fisicamente desperdiçada num "saco de ossos", como diz Maddy (p. 58), e até mesmo seu rosto já desbotou, ficando obscurecido:

Sr. Barrell: Quem é aquela?
Tommy: A sombria srta. Fitt.
Sr. Barrell: Cadê o rosto dela? (p. 59)

Uma razão pela qual a religião se tornou moribunda em Boghill é que, de modo geral, o sentido, não apenas o sentido religioso, mas qualquer espécie de sentido que se corporifica em conceitos e em linguagem, está morrendo. A srta. Fitt não percebe isso, mas é algo que ocorre repetidamente com Maddy, sua correligionária mais perceptiva. Uma das primeiras coisas que ouvimos Maddy falar é que ela está incomodada com a inadequação das palavras. "Você acha que tem alguma coisa... bizarra com meu jeito de falar?", ela pergunta a Christy. "Não estou falando da voz... Não, estou falando das palavras. (*Pausa. Mais para si mesma.*) Só uso as palavras simples, espero, e mesmo assim às vezes eu acho meu jeito de falar muito... bizarro" (p. 35). Mais tarde, após ter conhecido Dan, quando ela usa algumas expressões convencionais, do tipo que sugerem ainda existir alguma possibilidade de que o universo possa ser um lar para o homem – "continuaremos e nunca pararemos, nunca pararemos, até chegarmos seguros ao abrigo" (p. 80) – Dan observa que seu linguajar é feito de clichês vazios: "Nunca parar... seguros ao abrigo... Sabe, Maddy, às vezes a gente tem a impressão de que você está brigando com uma língua morta". Ela responde que muitas vezes ela mesma tem essa sensação e que é horrível. Ao ver um cordeiro que bale para mamar na mãe, ela diz: "A deles não muda, desde a Arcádia", mas o inglês, "assim como nosso próprio gaélico, pobrezinho" e como todas as demais línguas humanas, logo estará morto. Os cordeiros, os pombos, as vacas e todas as criaturas da natureza têm uma imensa vantagem sobre o homem, porque podem viver sem sentidos. O homem, não. Ele precisa da mediação das palavras e das ideias entre ele próprio e a realidade e, se ele toma consciência do vazio das palavras que usa, então não pode deixar de perceber que toda a sua vida mental é igualmente vazia. Dan e Maddy estão ambos muito próximos de perceber isso, se é que já não perceberam.

A maior parte dos cidadãos de Boghill, porém, não tem essa capacidade. O sr. Barrell ainda consegue acreditar na importância de manter a estação arrumada; Tommy ainda consegue se preocupar em encontrar um cavalo que vença as corridas; a srta. Fitt ainda consegue acreditar em sua caricatura de salvação. Todos conseguem acreditar nas aparências, na respeitabilidade, no poder de um sobre o outro, tudo que constitui a vida da "burguesice" ainda tem valor suficiente para justificar alguma preocupação. "Venha, Dolly, querida, vamos tomar nosso lugar no vagão antes do vagão de fumantes da primeira classe. Me dê a mão e segure firme, é possível ser sugado", diz uma voz feminina sem nome, preocupada até mesmo nessa admoestação em deixar claro que a família dela não é do tipo que viaja em vagões que não sejam de primeira classe. Ela não percebe que, ao tomar a filha pela mão, ela salva a filha de uma morte e a entrega a outra.

Uma história que Maddy conta a Dan a respeito do destino de outra criança revela o sentido total desse incidente e também explica ainda mais o motivo de "A Morte e a Donzela". Numa palestra dada "por um desses médicos novos da mente" (p. 82) – aparentemente um psicanalista – ela ouviu a história de uma menina que o médico tinha tratado sem sucesso por anos e que não tinha nada de errado, exceto o fato de estar morrendo. A história em si, diz Maddy, não pareceria especialmente importante se não fosse por uma coisa que o homem falou que a vinha "assombrando" desde então: "Quando ele acabou de tratar a menina, ficou lá parado algum tempo, acho que uns bons dois minutos, olhando pra mesa. Então ele levantou a cabeça de repente e exclamou, como se tivesse acabado de ter uma revelação, O problema dela é que ela nunca nasceu de verdade!" (p. 84).

A história é um microcosmo da história de um mundo inteiro de meninas – Maddy, a srta. Fitt, a voz feminina e sua filha – e de homens também, todos definhando, "nem meio vivos, nem perto" (p. 41), reduzidos à condição de "um borrão imenso e pálido" (p. 56) por sua incapacidade de nascer como indivíduos plenamente vivos. Muitos escolhem voluntariamente viver sombras de vidas ao se limitar a uma identidade coletiva superficial, enquanto outros, como Maddy, gostariam de romper a casca do clichê e chegar a uma existência mais vital, mas encontram-se isolados dela, talvez por sua própria fraqueza, talvez pela natureza das coisas.

Se é possível que a vida humana tenha uma forma mais plena do que aquela da dos habitantes de Boghill, não é certo. Moran, em *Molloy*, quando ouve que seu patrão, uma vaga figura divinal, disse que a vida era uma coisa bela, uma alegria eterna, pergunta: "Será que ele quis dizer a vida humana?" (*Molloy*, p. 226). Essa pergunta também inquieta Maddy. "Será que os muares procriam? Fico me perguntando", ela indaga enquanto volta para casa com Dan, "Os muares, sabe, ou será que é puares, eles não são inférteis, ou estéreis, ou como é que é?" (p. 85-86). A questão é mais do que acadêmica e, para ela, bem mais do que pessoal. Ela está pensando não apenas no muar que parou para olhá-la naquele dia mais cedo, mas também em outro, que representa muito mais: "Não era um potro de burro de jeito nenhum, sabe... Era um muar, ele entrou em Jerusalém ou sei lá onde em cima de um muar. (*Pausa*.) Isso deve significar alguma coisa". Se isso significa alguma coisa, então o significado é desalentador. Se Cristo, um símbolo tradicional da integralidade da humanidade e da possibilidade de renovação, montou um animal estéril, isso pareceria uma ironia em relação à esperança do homem na renovação da vitalidade. "É que nem os pardais, a gente tinha mais valor do que muitos deles, só que não eram pardais não", diz ela. Os pardais, um símbolo tradicional do vigor sexual, também são tirados dela. "Não eram pardais não", ela repete, com emoção. Não há nem um Deus que sustenha a todos os que caem e levante a todos os que estão abatidos, nem existe uma vida para a qual se possa levantá-los.

A implicação para a peça como um todo é que a oposição entre as forças da vida e as forças da morte não é necessariamente uma questão de valores éticos. A associação de Dan com a morte da criança que caiu do trem e a associação de Maddy com o gozo da natureza e com o desejo de realização na maternidade pode, num exame atento, dar a impressão de que ela deve ser considerada moralmente boa e Dan moralmente mau. É verdade, é claro, que Dan é hostil à vida. Tenha Dan realmente matado a criança no trem ou não – as circunstâncias são vagas, mas sinistras –, ele é obviamente homicida: "Você já teve vontade de matar uma criança?", ele chega a perguntar a Maddie. "De cortar algum terrível destino pela raiz... À noite, muitas vezes, no inverno, na negra estrada para casa, eu quase ataquei o garoto... Pobre Jerry", diz ele, falando do garoto que ele emprega para guiar-lhe para casa. Mas se a vida é tão vazia de possibilidade quanto pareceria, o assassinato não é necessariamente cruel e a morte não é necessariamente um mal. A hostilidade de Dan à vida pode proceder não da má vontade, mas sim de uma percepção mais clara do que o normal a respeito do desespero da vida, e sua expressão de piedade pelo "pobre Jerry" pode indicar que há algum elemento de altruísmo em seus impulsos homicidas. Talvez, por mais egocêntrico que pareça, ele ainda tenha alguma simpatia pelos outros – a ponto de querer libertá-los de sua miséria.

A complexidade da questão do valor da vida é comunicada simbolicamente por uma imagem frequentemente recorrente: o excremento. O adubo, como aquele que Christy ofereceu a Maddy no começo, é uma fonte de fertilidade para a natureza não humana, mas para o homem ele não é muito agradável. Quando Maddy Rooney – cujo nome de solteira, Dunne (um trocadilho com *dun* ou "marrom"), associa-a, do modo como era quando solteira, com essa imagem de fertilidade potencial – caiu na condição de ruína que a peça mostrou ser a realidade definitiva de toda vida humana, a própria vida dela virou "um monte de adubo", como ela diz num dado momento (p. 71), e, aliás, infértil. Sem sua fertilidade redentora, o excremento não passa de excremento, a árvore de Vladimir e o laburno de Maddy podem continuar a florescer na vida da natureza não humana, mas em *Todos os que Caem*, assim como em *Esperando Godot*, o homem ainda está naquilo que Estragon chamou de "a região de Cackon".

CAPÍTULO IV.
FIM DE PARTIDA

Esperando Godot, que foi escrita à mesma época que a trilogia de romances – *Molloy*, *Malone Morre* e *O Inominável* – era essencialmente uma apresentação dramática da visão desenvolvida nesses trabalhos.[1] Na trilogia, o destino dos três personagens mostra que "adiante", naquele universo, não leva a lugar nenhum. Eles viajam em demandas e até crescem, ao menos no sentido de perder ilusões, mas o fim último de seu desenvolvimento é a condição do Inominável, perplexo, perdido, completamente desiludido até mesmo com a possibilidade do conhecimento, mas incapaz de parar de falar consigo e de tentar explicar o inexplicável.[2] E *Todos os que Caem*, ainda que escrita aproximadamente sete anos depois, reflete essencialmente a mesma visão da vida humana.

Fim de Partida, porém, é um novo ponto de partida. Essa peça não oferece respostas, assim como as obras anteriores, mas deixa aberta a possibilidade de que um novo caminho para fora da velha rotina pode levar, se houver a coragem de percorrê-lo, a uma nova visão e a uma nova vida. Ainda que a peça não nos proponha essa demanda, ela aponta o caminho para ela e a prepara explorando os fiascos morais e intelectuais que atualmente nos aprisionam.

Ao escrever em 1956 a Alan Schneider, seu diretor americano, enquanto ainda trabalhava em *Fim de Partida*, Beckett descreveu a nova peça como "bem difícil e elíptica, mais dependente da força do

---

[1] Colin Duckworth, em "The Making of *Godot*", *Casebook*, ed. Cohn, p. 89, relata que *Godot* foi escrita entre 9 de outubro de 1948 e 29 de janeiro de 1949, num interlúdio da redação de *Malone Morre*.
[2] Ver Eugene Webb, *Beckett: Novels*, p. 111-13, 125, 128-29, 150.

texto para arrebatar, mais desumana que *Godot*".[3] A razão por que ela é muito mais corrosiva e desumana do que *Godot* é que, com mais esperanças naquilo que o homem pode se tornar, ela é mais brutal e mais inflexível na maneira como perscruta a etiologia de nossa presente condição. Vladimir e Estragon estavam numa grande medida isolados em suas preocupações egocêntricas com seus próprios pensamentos e seus próprios sofrimentos, mas também havia um elemento de calor em sua relação. Eles eram muitas vezes cruéis um com o outro – como quando Estragon conta a história do inglês no bordel, para torturar Vladimir (*Godot*, p. 112) –, mas também eram capazes de abraçar-se e de fazer as pazes. Num universo em que nada era possível, a companhia era ao menos uma distração e a peça deixou-os livres para fazer dela o que pudessem. Em *Fim de Partida*, por outro lado, a relação entre Hamm e Clov é parte da armadilha e, para que haja qualquer esperança, é preciso enxergar a armadilha e vencê-la.

A peça é construída em torno de imagens de isolamento e aprisionamento. A cena começa com duas latas de lixo dentro de um contêiner similar, que é o próprio recinto. O conteúdo de todos os contêineres são detritos: Nagg e Nell nas duas latas de lixo, Hamm e Clov na sala. A casa é tanto um "abrigo" (p. 3) quanto um lugar de isolamento, em que as antigas maneiras de pensar, preservadas pelo medo ou pela teimosia, tanto protegem os habitantes quanto os apartam da realidade do lado de fora. "Bem no alto", na parede de trás, há "duas janelinhas, de cortina abaixada" (p. 1), que sugerem que a sala pode representar o interior da caveira de um homem que fechou os olhos para o mundo exterior.

Eva Metman sugeriu que, de modo geral, nas peças de Beckett, "As várias figuras que ele põe no palco não são realmente pessoas, mas imagens de seu mundo interior" e, em relação a *Fim de Partida*, ao

---

[3] Carta de 21 de junho de 1956, em *The Village Voice Reader*. Eds. Daniel Wolf e Edwin Fancher. Garden City, NY, Doubleday, 1962, p. 183.

menos parece haver alguma verdade nessa afirmação.[4] Nagg e Nell em suas latas lembram as memórias involuntárias proustianas guardadas em jarros: Hamm muitas vezes sente que gostaria de suprimir a lembrança deles, mas ela retorna, querendo ele ou não, pois volta e meia eles emergem de suas latas para recordá-lo de sua existência.[5] E o diálogo entre Hamm e Clov muitas vezes parece o de uma mente consigo própria. Porém, interpretar esses personagens da peça somente como símbolos de forças psicológicas seria simplista demais; os personagens de Beckett raramente parecem ser *apenas* alguma coisa. Vistos sob um aspecto, eles provavelmente são aquilo, mas também são indivíduos reais com interações reais que são significativas.

No centro da família, tanto literal quanto figurativamente, está Hamm. Ele é o proprietário e, de sua cadeira, no centro da sala, preside sobre os demais. E ele não os deixa esquecer disso. Nada é mais importante para ele do que seu poder. Ele o exerce sobre Nagg e Nell, seus pais, ao oferecer ou negar biscoitos e frutas confeitadas, quando ordena que prestem atenção, que participem ou que desapareçam. Sobre Clov ele tem o poder de quem é senhor e pai de acolhimento. "Mas para mim... nada de pai", Hamm gosta de dizer-lhe, "Mas para Hamm... nada de casa" (p. 38).

Claro que Hamm aceitou Clov em casa enquanto Clov ainda era bem jovem, e criou-o para ser seu servo. Todavia, mal se pode dizer que ele foi um protetor generoso; na verdade, ele se orgulha de ter matado qualquer afeto que Clov pudesse sentir por ele.

> Hamm: Você já gostou de mim.
> Clov: Antigamente.
> Hamm: Fiz você sofrer demais. (*Pausa.*) Não fiz?

---

[4] Eva Metman, "Reflections on Samuel Beckett's Plays". In: *Samuel Beckett*. Ed. Esslin, p. 120.
[5] Ver S. Beckett, *Proust*, p. 17-21, para uma discussão da ideia de memória involuntária de Proust.

Clov: Não é isso.

Hamm (*chocado*): Eu não fiz você sofrer demais?

Clov: Fez!

Hamm (*aliviado*): Ah! Assim você me assustou! (p. 6-7)

Assim como faz com Nagg e Nell, Hamm usa as posses materiais como meio de controlá-lo. Quando Clov era mais jovem, Hamm recusou-lhe, por exemplo, uma bicicleta: "Quando ainda existiam bicicletas eu chorei para ter uma. Eu rastejei aos seus pés. Você me falou pra ir pro inferno" (p. 8). E agora, num mundo em que não existem mais bicicletas para negar, Hamm tenta atormentá-lo com a ameaça da fome: "Vou te dar só o bastante para você não morrer. Você vai sentir fome o tempo todo" (p. 5). Como Clov dá a entender quando Hamm manda que ele traga seu cachorro de brinquedo, a posição de Clov é essencialmente idêntica à do animal empalhado. "Seus cães chegaram", diz ele (p. 40). Com ar tipicamente magisterial, Hamm quer saber: "Será que ele está olhando para mim? (...) Como se estivesse me pedindo para levá-lo para passear? (...) Ou como se estivesse implorando por um osso" (p. 41). "Deixa ele aí assim, parado, me implorando", diz.

Clov também é tão apegado à relação quanto Hamm. Clov diz que vem tentando ir embora desde que "foi parido" (p. 14), mas nunca conseguiu fazer isso. E ainda que ele diga que não consegue entender por que sempre obedece Hamm, ele vem obedecendo-o a vida toda. Como na relação entre Lucky e Pozzo, parece que o escravo precisa de um senhor tanto quanto o senhor precisa de um escravo.

Uma razão por que Hamm necessita dos outros é que eles servem de plateia cativa de sua história, uma história na qual ele vem trabalhando há algum tempo. Não está claro o quanto dela é ficção, nem o quanto se baseia na memória de fatos reais. Que ele a chame de sua "crônica" (p. 58) faz com que ela soe ao menos um pouco histórica, mas se os eventos específicos efetivamente aconteceram ou não, a história é essencialmente verdadeira enquanto revelação das atitudes de

Hamm em relação a outras pessoas e à vida. A cena se passa num dia frio e claro de inverno, na véspera de Natal, e Hamm está montando a decoração. Chega um homem, "rastejando na minha direção, de barriga para baixo" (p. 50), pedindo ajuda para si e para seu filhinho. "Vamos, homem, desembucha", diz Hamm. "O que é que você quer de mim, eu tenho de colocar meu azevinho" (p. 52). Quando o homem pede pão ou milho para reavivar seu filho, Hamm o atormenta com a descrição de "um belo prato de mingau... um belo prato e meio de mingau, muito nutritivo" e de como, após o menino comer, a cor vai "voltar para as bochechinhas dele". Então, depois de atiçar as esperanças do homem desse jeito, ele as destrói violentamente: "Use a cabeça, você não consegue, use a cabeça, você está na terra, não existe cura pra isso!" (p. 53). "Mas o quê, em nome de Deus, você está imaginando?", pergunta ele, "Que a terra vai despertar numa primavera? Que os rios e os mares vão ficar cheios de peixes de novo? Que ainda existe maná nos céus para imbecis como você?".

Pelo contexto, o menino parece um símbolo de fertilidade e de vitalidade. Ele fora deixado "em sono profundo" três dias completos antes, recordando o período entre a morte e a ressurreição de Cristo, cujo nascimento Hamm se prepara para observar, de modo puramente externo, com azevinho. Tanto o nascimento quanto a ressurreição de Cristo são símbolos tradicionais da renovação da vida, mas Hamm se recusa a contribuir para esse reavivamento presente da mesma força. Para Hamm, a vida não parece mais valer a pena de renovar, mesmo que essa renovação fosse possível. Depois, quando ele conclui a história, ou ao menos parece concluir, na página 83, suas últimas palavras são de inequívoco repúdio à própria vida: "Ele não percebe... Mas você! Você devia saber como é a terra hoje em dia. Ah, eu o coloquei antes de suas responsabilidades!".

Qual é a vida que Hamm está rejeitando aqui? E por que ele a rejeita?

Será que é a vida que ele e aqueles em sua família têm – a vida vista pelos olhos de sua sala-caveira. A fala inicial de Clov apresenta a situação toda: "Pronto, pronto, quase pronto, deve estar quase pronto. (*Pausa.*) Grão sobre grão, um por um, e um dia, de repente, tem uma pilha enorme, a pilha impossível. (*Pausa.*) Não aguento mais ser maltratado. (*Pausa.*) Agora vou para minha cozinha, três metros por três metros por três metros e esperar que ele me chame assoviando. Boas dimensões, boas proporções, vou me encostar na mesa, e olhar a parede, e esperar que ele assovie" (p. 1-2).

A vida desses personagens é um lento processo de morte. Os momentos se empilham, "grão sobre grão", mas a culminação impossível continua sempre à frente deles. Enquanto isso, tudo que eles podem fazer é confortar-se com alguma ordem, como as "boas proporções" da cozinha, e esperar impacientemente, observando a "luz morrendo" (p. 12) nas paredes.

Tanto fora quanto dentro da casa a vida está lentamente chegando ao fim. "Não há mais natureza" (p. 11); no jardim, as sementes não brotam mais (p. 13). Quando Clov olha para fora da janela, ele diz que tudo está "cadaverizado" (p. 30). As ondas são "chumbo" (p. 31), o sol é "zero", a luz é de um cinza constante, "preto claro. De polo a polo" (p. 32).

Do lado de dentro, os meios de manter a vida, ou de torná-la suportável, estão gradualmente escasseando. Não há mais frutas confeitadas, nem serragem, nem colchões, nem analgésicos. E, muito mais importante, os padrões que davam uma estrutura inteligível à vida estão desabando. Assim como os personagens de Beckett de modo geral, Hamm e Clov são movidos por uma necessidade de saber. Se eles não podem conhecer as respostas últimas, então precisam ainda mais sentir que os padrões dos detalhes podem ser apreendidos, ainda que os próprios detalhes sejam triviais. Hamm insiste, por exemplo, quando Clov fala de ir embora, que ele vai conseguir saber se Clov realmente foi embora ou se "só morreu" (p. 46) na cozinha. Não importa que "o resultado seria idêntico" (p. 46); Hamm tem de saber. Saber alguma coisa, porém, vai ficando cada vez mais difícil, à medida que os padrões mais básicos da experiência desabam.

A descrição de Clov do tempo como um empilhamento de momentos é uma indicação disso. A "pilha impossível" pela qual ele espera seria simultaneamente uma conclusão e um padrão. Hamm, depois, retoma a mesma imagem: "Instante após instante, tombando, como os grãos de milhete de... daquele velho grego, e a vida inteira você espera que isso se amontoe e vire uma vida" (p. 70). O "velho grego" de quem ele está falando é obviamente Zenão de Eleia, que teria usado a imagem dos grãos de milhete caindo em quantidades cada vez menores – um celemim, um grão, a décima milésima parte de um grão – numa disputa com Protágoras.[6] Zenão estava interessado basicamente no som dos grãos, mas Hamm adapta a imagem a seus próprios propósitos como símbolo da maneira como o tempo parece estar sempre buscando uma forma, sem, no entanto, jamais se aproximar dela. Novamente, como em *Esperando Godot*, a experiência do tempo ecoa a do Inominável: "pode-se perguntar (...) por que o tempo não passa, não passa de você, por que ele se amontoa à sua volta, instante em cima de instante, de todos os lados, cada vez mais fundo, cada vez mais espesso, seu tempo, o tempo dos outros, o tempo dos mortos ancestrais e dos mortos que ainda não nasceram, por que ele te enterra grão a grão, nem vivo nem morto (...)".[7]

O tempo é uma pilha informe de momentos infernais, todos idênticos. "Que horas são?", pergunta Hamm na quarta página. "A mesma de sempre", responde Clov.

Privados de padrões naturais, Hamm e Clov têm de estruturar sua experiência por meio da imposição de padrões artificiais. Como a constante luz cinza só lhes oferece os vestígios de um ciclo de dia e noite, como se o tempo tivesse quase parado, Clov precisa reconstruir o velho padrão, acordando Hamm numa certa hora e botando-o para funcionar com estimulantes, e, depois, em outra hora, preparando-o

---

[6] Segundo o *Comentaria*, de Simplicius. Ver P. Wheelwright (ed.), *The Presocratics*, p. 111-12.
[7] *Unnamable*, p. 143.

para dormir com um analgésico. "De manhã te sacodem e de noite te acalmam", diz Hamm, "A menos que seja o contrário" (p. 24). E há um outro momento específico para contar histórias.

Com tão pouca vida real sobrando, a vida artificial criada nas histórias fica ainda mais importante. A isso os personagens ainda conseguem dar forma, e o modo como eles falam de suas técnicas indica o quanto o controle formal é importante para eles. Quando Nagg conta a história das calças do inglês, fica deprimido por ver que sua técnica já não é mais a mesma: "Nunca contei tão mal a história. (*Pausa. Triste.*) Conto essa história cada vez pior" (p. 22). Hamm, por outro lado, ainda está muito contente com sua capacidade; sua história da véspera de Natal está salpicada de apartes autoelogiosos: "Muito bem dito (...) Assim é que se fala (...) Meio fraco, isso (...) Isso resolve" (p. 51-52).

Quando Hamm não está dando forma a histórias, ele inventa vários pequenos rituais ou jogos para impor padrões àquilo que ainda resta de vida na casa. Em duas ocasiões, por exemplo, ele tenta atrair Clov para um jogo de "me perdoe" (p. 7, 12). Clov, porém, não quer jogar, já que provavelmente já se cansou desse jogo há muito tempo. Hamm tem mais sorte em conseguir que Clov faça o ritual de pedir-lhe para contar sua história, mas mesmo assim ele precisa de muito jeitinho:

> Hamm: Pergunta onde eu tenho de ir.
> Clov: Ah, aliás, e a sua história?
> Hamm (*surpreso*): Que história?... (*com raiva*) Continua, anda, continua!
> Clov: Você continuou a história, espero. (p. 58-59)

E, claro, o título da peça vem da analogia feita por Hamm entre sua cena final e um fim de partida no xadrez: "Velho fim de partida há muito perdido, jogar e perder e fartar-se de perder" (p. 82).

Não importa o quão rudimentar a forma ou o padrão; para esses personagens, ambos devem ser mantidos pelo máximo de tempo possível. Quando Clov empurra Hamm em sua cadeira de rodas, por exemplo, percorrendo as paredes ou levando-o até a janela, Hamm fica muito preocupado com voltar exatamente ao centro da sala:

> Hamm: Estou bem no centro?
> Clov: Vou medir!
> Hamm: Mais ou menos! Mais ou menos!
> Clov (*movendo um tiquinho a cadeira*): Aqui!
> Hamm: Estou mais ou menos no centro?
> Clov: Acho que sim!
> Hamm: Você acha! Me coloca bem no centro! Certinho no centro!
> (p. 26-27)

Ainda que Clov não seja tão bufão ou contador de histórias quanto Hamm, ele é igualmente apegado à ideia de ordem, e talvez fique ainda mais frustrado com sua fugacidade. "Amo ordem", diz. "É com o que mais sonho. Um mundo em que tudo seria silencioso e imóvel e cada coisa ficaria em seu lugar, até a última poeira" (p. 57). Há muitas coisas significativas nessa afirmação. Clov obviamente quer dizer que gostaria de obter a paz última da morte, no sentido de que não haveria mais qualquer lugar para o movimento e para a mudança. E essa afirmação também sugere que talvez tenha sido essa mesma tentativa de forçar a forma no corpo proteano da realidade que cortou a relação deles com as forças da vida. Hamm diversas vezes indaga se, em algum lugar além daquela casa, isto é, fora do mundo limitado de sua experiência imediata, ainda pode haver vida. Na página 39, por exemplo, ele pergunta: "Você já pensou uma coisa? (...) Que estamos num buraco. (...) Mas e além das montanhas? Hein? Talvez ainda esteja verde! Hein? (...) Flora! Pomona! (*Em êxtase.*) Ceres!". Claro que esse entusiasmo não se traduz em nenhuma ação. Ele fala em fazer uma jangada e em deixar as águas levá-lo ao sul, "até os outros

(...) mamíferos" (p. 34), mas quando confrontado com a realidade dessa viagem – "Espera aí! Será que vai ter tubarões, você acha?" (p. 35) – ele retorna para o analgésico.

A possibilidade de que o mundo seja maior do que a morte em vida que Hamm, Clov, Nagg e Nell enxergam desde seu ponto de vista na casa de Hamm é também sugerida pela história de um "louco" que Hamm conhecia, um pintor e gravador: "Eu ia vê-lo no asilo. Pegava ele pela mão e o levava até a janela. Olha! Olha lá! Aquele milho todo crescendo! E ali! Olha! As velas dos navios de arenque! Que bonito! (...) Ele tirava a mão e voltava para o canto. Chocado. Tudo que ele tinha visto eram cinzas. (...) Só ele foi poupado" (p. 44).

Por um momento, até mesmo Hamm parece chocado com as possíveis implicações disso. "Parece que esse caso é... não foi tão... tão diferente", acrescenta. Mas, mais uma vez, ele não insiste nessa ideia.

Se a vitalidade da vida na casa de Hamm foi diminuída por um jeito particular de olhar o mundo, então pareceria provável que parte do problema venha de uma tentativa de preservar ideias inadequadas e de forçá-las sobre a realidade. Uma razão pela qual o tempo parou para Hamm e para Clov é que o apego deles a ideias mortas não os deixa andar. "A vida toda as mesmas perguntas, as mesmas respostas", diz Clov (p. 5). Para uma mente que fica dando voltas no mesmo canal, é natural que todo momento pareça o mesmo. "Você me fez essas perguntas milhões de vezes", diz Clov, cansado (p. 38). "Adoro as velhas perguntas", responde Hamm, "(*Com fervor.*) Ah, as velhas perguntas, as velhas respostas, não tem nada melhor do que elas". O familiar, ainda que monótono, oferece uma sensação de segurança.

Mas ele também pode ser uma armadilha frustrante, e é isso que os habitantes dessa casa fizeram dele. Ainda que Hamm se agarre às velhas perguntas e às velhas respostas, ele também não acredita nelas, e isso leva ao tédio e à raiva. Ele manda a família rezar com ele o Pai-Nosso, por exemplo – "De novo!", diz Clov (p. 54) – mas acaba a oração com um xingamento: "Que canalha! Ele não existe!" (p. 55). Já além das condições de Vladimir, para quem a esperança numa ideia desacreditada poderia ser algo a reviver, ainda que de modo fraco, Hamm, por sua recusa em desapegar-se dos velhos padrões de pensamento, acorrentou-se a um cadáver.

Outra causa da monotonia e da esterilidade da existência deles é o isolamento moral que caracteriza a vida da casa de Hamm. "Quando a velha Mãe Pegg pediu óleo para sua lamparina e você mandou ela ir pro inferno, você sabia o que estava acontecendo, não sabia?", Clov pergunta num dado momento. "Você sabe do que foi que a Mãe Pegg morreu? De escuridão" (p. 75).[8] A incapacidade de ver além das ideias vazias é uma forma de escuridão, mas o estado de completa solidão também é, e ambas as situações podem matar. Mesmo quando Hamm parece estar chegando aos outros com suas palavras, ele não está realmente tentando se comunicar com eles. A única relação que ele quer com os outros é a de um senhor com escravos desumanizados, e sua canastrice é o contrário da verdadeira comunicação.[9] A performance é sobretudo para ele mesmo; sua plateia é simplesmente um grupo de vítimas às quais ele se impõe. Tanto a separação entre o ego e os outros quanto a tentativa de usar as velhas ideias como escudo contra a realidade são aspectos de uma única fraqueza moral: a tentativa de fechar-se para a vida, em vez de abrir-se para ela.

---

[8] É possível que "Mãe Pegg" seja uma alusão do autor a algo de sua própria vida. Peggy Guggenheim, em suas memórias, fala de como tentou, sem sucesso, atrair Beckett para uma relação emocional com ela. Ver Marguerite Guggenheim, *Out of This Century*. Nova York, Dial Press, 1946, p. 194 s.

[9] A tradução de certas expressões do original francês como frases shakespearianas famosas enfatiza a tendência de Hamm agir como ator. "*Mon royaume por un boueux*" (versão francesa, p. 38), por exemplo, vira "meu reino por um *nightman*" (versão inglesa, p. 23); "*nightman*" é um jogo com a figura em forma de cavalo que representa o cavaleiro [em inglês, *knight*] no jogo de xadrez, criando um trocadilho com "meu reino por um cavalo", as palavras de outro monarca arruinado em *Ricardo III*. "*Finie la rigolade*" no texto francês (p. 78) vira "*my revels now are ended*" (versão inglesa, p. 56) [nossos festejos terminaram], de Próspero em *A Tempestade*.

Esse é o problema de Clov e também o de Hamm, claro, mas para Clov isso não é necessariamente tudo. Hamm prevê, com "deleite profético", que o fim de Clov será igual ao dele. "Um dia você será cego, como eu. Você vai ficar sentado aqui, um pontinho no vazio, na treva, para sempre, igual a mim. (...) Sim, um dia você vai saber como é, vai ser igual a mim, só que você não vai ter ninguém, porque você não vai ter tido pena de ninguém e porque não vai ter sobrado ninguém para ter pena de você." (p. 36)

"Isso não é certo", responde Clov. E não é mesmo – não só porque, como Clov diz, ele "não consegue sentar" (p. 37), mas também porque algo está acontecendo.

Há na peça diversas referências à ideia de que alguma espécie de mudança está acontecendo. Na página 13, por exemplo, Hamm pergunta, angustiado: "O que está acontecendo, o que está acontecendo?", e Clov responde: "Alguma coisa está em curso". Depois, após a mesma pergunta e a mesma resposta, Hamm pergunta: "Não estaríamos começando a... a... fazer sentido?" (p. 32). "Fazer sentido! Você e eu, fazendo algum sentido!", ri Clov. O que há, porém, não é um sentido reconfortante. O que acaba por acontecer é algo muito mais surpreendente: um mistério e um desafio.

A mudança está acontecendo não em Hamm, mas em Clov. "Nunca estive presente", diz Hamm, "Sempre ausente. Aconteceu tudo sem mim" (p. 74). Hamm se fechou completamente para a vida e para a mudança, mas nesse ínterim um obscuro processo de desenvolvimento está acontecendo em Clov e, no fim da peça, ele vem à superfície.

Durante toda a vida deles em conjunto, Clov ficou trancado com Hamm numa relação de ódio e de dependência. Ele tem vontade de matá-lo, mas nunca pode. Ele queria sair, mas nunca sai. "Faça isso, faça aquilo, e eu faço. Nunca digo não. Por quê?", ele pergunta (p. 43). "Você não é capaz", diz Hamm. Hamm ainda o provoca às vezes com a ideia da desobediência: "Não tenho como te impedir", diz

Hamm quando Clov diz que quer cantar apesar de Hamm tê-lo mandado não cantar (p. 73). E Clov não canta. O poder real de Hamm é pequeno, contudo a necessidade de Clov para agir é forte.

Na medida em que o fim se aproxima, porém, fica claro que um novo espírito de independência está nascendo em Clov. Ainda que Clov venha tentando a vida toda ir embora, e nunca tenha conseguido, agora começa a parecer, até mesmo para Hamm, que talvez ele vá. Enquanto Clov programa o despertador que, segundo eles tinham combinado, permitiria a Hamm saber se Clov tinha ido embora ou "simplesmente morrido", Hamm pergunta o que ele está fazendo, e Clov responde: "dando corda" (p. 72). Hamm então manda que ele olhe de novo para a terra, "Já que ela está te chamando". E quando Clov olha, ele vê algo inteiramente novo e inteiramente inesperado: "um garotinho!" (p. 78).[10]

O sentido da aparição do garotinho é tão obscuro para Clov quanto para Hamm, mas o importante é que ele começa a pensar de um jeito novo que pela primeira vez parece ser inteiramente seu. Antes ele sempre dependia de Hamm ou pelo menos dos outros para suas categorias de pensamento e, se as velhas categorias ficassem inadequadas, ele ainda se voltava para Hamm em busca de categorias substitutas. Quando Hamm o provocou com a ausência de sentido da palavra "ontem" em seu mundo de tempo atenuado, Clov respondeu com violência: "Ela significa aquele dia horrendo, há um tempão, antes deste dia horrendo. Eu uso as palavras que você me ensinou. Se elas não significam mais nada, me ensine outras. Ou deixe eu ficar calado"

---

[10] No original francês (p. 103-05), o episódio da descoberta do garoto é muito mais elaborado, com claras conotações religiosas, vindas de tradições cristãs e orientais. Quando Hamm ouve falar do menino, diz: "*La pierre levée*" (a pedra levantada), e, quando desconfia, "*Il regarde la maison sans doute, avec les yeux de Moïse mourant*" (Sem dúvida ele olha a casa com os olhos de Moisés moribundo), Clov responde que está contemplando seu umbigo. Na hora de traduzir a peça, Beckett deve ter julgado que essas alusões eram específicas e distrativas demais. Ver Martin Esslin, *The Theatre of the Absurd*. Nova York, Doubleday, 1961, p. 35-37.

(p. 43-44). Agora, porém, ao tentar entender o que esse novo acontecimento significa para si, Clov passa da dependência dos pensamentos alheios a um confronto pessoal e imediato com a misteriosa realidade. Ele começa falando das ideias que "eles" lhe deram durante a vida:

> Eles me disseram: Isso é amor, é, é. (...)
> Eles me disseram: Isso é amizade, é, é, com certeza, você encontrou amizade. Eles me disseram: É aqui, pare, levante a cabeça e olhe toda essa beleza. Essa ordem! Eles me disseram: Venha agora, você não é um animal bruto, pense nessas coisas e você vai ver como tudo fica claro. E simples (p. 80).

E às vezes, diz ele, ele mesmo repassa o mesmo tipo de processo obsoleto de pensamento: "Eu falo pra mim mesmo – às vezes, Clov, você tem de aprender a sofrer melhor do que isso se você quer que eles se cansem de te castigar – um dia". Mas agora isso ficou para trás: "Aí, um dia, subitamente, isso acaba, muda, eu não entendo, isso morre, ou eu morro, não entendo também" (p. 81). Não existem conceitos para aquilo que ele agora enfrenta, e ele não consegue mais se esconder por trás deles: "Eu questiono as palavras que restam – dormir, acordar, manhã, noite. Elas não têm nada a dizer". Ao encontrar "eles" em silêncio – os padrões coletivos de pensamento, a autoridade de Hamm, todos os demais a quem ele sempre transferiu o ônus da responsabilidade por sua vida e por seus atos – ele é finalmente forçado a voltar-se para as forças obscuras dentro desse eu, que estão-no levando para fora da casa de Hamm e o conduzem a enfrentar o que está além: "Abro a porta da cela e saio. Estou tão curvado que só vejo meus pés, se abro os olhos, vejo entre as pernas um pequeno rastro de poeira preta. Digo para mim mesmo que a terra apagou, embora eu nunca a tenha visto acesa".

Embora haja um novo sentido de dependência de si evidente nessa fala, do ponto de vista de Clov isso dificilmente chega a ser causa de júbilo. Não é fácil estar sozinho num universo como esse, tão completamente desprovido das sinalizações que um dia deram-no uma aparência de familiaridade, ainda que levassem a lugares errados. Se Clov realmente tem a coragem de ir adiante, não está claro para ele, nem para a plateia, o que vai enfrentar do lado de fora – a vida, a morte ou a ausência definitiva de sentido. Clov também não está otimista de jeito nenhum. Ainda que agora ele diga que é fácil ir, também diz: "Quando eu cair, vou chorar de alegria".

Onde irá? O fim é incerto. Ainda que seu novo senso de independência permita que pela primeira vez desobedeça Hamm – ele não cobre Hamm com o lençol quando recebe a ordem – e ainda que ponha roupas de viagem, não o vemos efetivamente partir. A didascália diz que *"ele para na porta e fica ali, impassível e imóvel, os olhos fixos em Hamm, até o fim"* (p. 82).

O que, então, podemos dizer com certeza sobre esse final? Nas peças de Beckett, os detalhes da trama convencional são menos importantes do que a situação essencial, e nesse caso a situação essencial é bem clara, qualquer que seja o desfecho. Não temos como saber se Clov vai efetivamente sair ou não, mas o que é certo é que ele é confrontado com o desafio de sair. O garoto que apareceu na imensidão, assim como o garoto da história da véspera de Natal de Hamm, representa a possibilidade de que a vida pode ser renovável, e as novas forças que se agitam dentro de Clov impelem-no à exploração dessa possibilidade. Hamm está cego e imobilizado e já tomou sua decisão contra a vida; quando o garoto aparece, Hamm diz que ele não vale nem o trabalho de matá-lo, ainda que ele já tenha insistido para que Clov exterminasse qualquer coisa que possa servir de potencial progenitor da raça humana. "Se ele existe, ou ele vai morrer lá fora, ou vai vir aqui", diz Hamm, que agora nem mais acredita que a vida seja sequer possível: se o garoto existe, vai morrer de um jeito ou de outro, seja na morte física, no ermo, seja na morte moral da casa de Hamm. Mas Clov ainda tem a capacidade de andar pelo mundo e possivelmente de criar uma nova vida para si. Até agora ele viveu na órbita de Hamm, vendo o mundo pelos olhos de Hamm, que só conseguem enxergar cinzas; no entanto, se ele sair dessa órbita, como agora parece estar prestes a fazer, sua própria visão pode se tornar inteiramente diferente. Para uma pessoa aprisionada no arcabouço das "velhas perguntas, velhas respostas", não há esperança de renovação num mundo em que os velhos padrões de pensamento não conseguem se encaixar. Clov, porém, é confrontado com o desafio de aprender a andar num universo absurdo, de enfrentá-lo e de viver nele. Se isso vai dar certo ou não, Clov não sabe, nem nós.

CAPÍTULO V.
A ÚLTIMA GRAVAÇÃO DE KRAPP

Seguir Clov no deserto seria extremamente difícil e, para a arte, talvez nem sequer fosse possível. Beckett só o tenta uma vez, e de maneira limitada, em *Cascando*. O mais comum é que ele restrinja seus esforços ao que é possível: o estudo daqueles que, por alguma razão, ficaram para trás. Krapp é um desses. Assim como Hamm, Pozzo e muitos outros, o elemento-chave desse personagem é o isolamento moral. Ele é uma pessoa que, por causa de várias escolhas, feitas em diversos momentos, transformou sua vida numa prisão, e que, na velhice, acaba percebendo que está prestes a morrer sem jamais ter vivido de verdade. Sozinho em seus aposentos, Krapp olha para trás e vê um passado que não foi vivido, mas evitado. Tudo o que lhe resta são fragmentos de memórias, os destroços do tempo, pedaços de detritos que só ficaram para recordá-lo de que as perdas são irreparáveis. Aquilo que Beckett disse uma vez de Proust também vale para Krapp: que os homens "são vítimas dessa condição e dessa circunstância predominantes – o Tempo... vítimas e prisioneiros... Não há como fugir de ontem porque o ontem nos deformou, ou foi deformado por nós... Não estamos apenas mais desgastados por causa de ontem, estamos outros, não mais aquilo que éramos antes da calamidade de ontem".[1]

Deformando e sendo deformado de volta, Krapp fez de seus dias e de seus anos as correntes que o amarram.

---

[1] *Proust*, p. 2-3.

A peça começa em silêncio. Krapp está sentado à mesa, voltado para a plateia.[2] Acima da mesa há uma lâmpada e, em volta dela, trevas. As primeiras ações de Krapp, antes que quaisquer palavras sejam ditas, revelam traços de sua personalidade que mostram o quanto ele está intimamente relacionado com diversos outros personagens de Beckett. Seu primeiro movimento, por exemplo, é consultar seu relógio, numa clara tentativa de colocar ordem temporal na confusão que o rodeia. Depois, tendo olhado uma nota dentro de um envelope, talvez para conferir o número da fita que pretende ouvir essa noite, ele pega um molho de chaves e começa a destrancar, abrir e fechar, e trancar de novo as gavetas da mesa, tirando um rolo, não o correto, e depois uma banana. Ao colocar na boca primeiro essa banana, e depois outra, ele para, fica imóvel, e lança um olhar vazio diante de si. As chaves e as gavetas trancadas indicam seu apego às posses; assim como Pozzo e tantos outros, ele sente a necessidade de acreditar que as coisas podem ser possuídas e que ele é capaz de possuí-las. O olhar vazio mostra o quanto ele está absorto pelo apetite; ele é o homem erótico reduzido ao mínimo indispensável. A aparência fálica da longa banana branca projetando-se para fora de sua boca enfatiza suas associações autoeróticas. Após tirar da boca a segunda banana e colocá-la no bolso do colete, ele subitamente recua para a escuridão no fundo do palco, bebe algo, como indicado pelo som de uma rolha, e volta com um livro de registros. Ele busca no livro o número certo da fita – caixa três, rolo cinco –, demora-se no som de "Rooooolo!" e depois de alguma dificuldade para efetivamente localizá-la, por causa da desordem generalizada em que estão as caixas, encontra-a e olha de novo a entrada no livro de registros para ler o resumo do conteúdo.

A reação dele é significativa. Enquanto lê as notas – a mãe enfim descansa, a bola preta, a enfermeira morena, uma leve melhora na digestão, um equinócio memorável, o adeus ao amor – precisa parar

---

[2] O texto da peça aparece em *Krapp's Last Tape and other Dramatic Pieces*. As referências de páginas vêm entre parênteses. A primeira montagem da peça foi em 1958.

e matutar sobre várias entradas que referem elementos de seu passado de que ele se esqueceu completamente. A mãe ele parece reconhecer, e seu problema digestivo – que ele ainda tem, afinal, como indica sua referência à "privada de ferro" (p. 25) – mas a bola preta e a enfermeira morena lhe fogem, assim como o equinócio memorável e o adeus ao amor. Até o sentido da palavra "equinócio" foi esquecido; o Krapp do presente sequer se lembra da linguagem do homem que um dia foi. É claro que a fita vai trazer a Krapp aquilo que Proust chama de memória involuntária, o tipo de memória que tem frescor e força especiais quando recordada porque, tendo sido inteiramente perdida para a consciência, jamais pôde ter tido os contornos embaçados pelo hábito. Uma memória dessa ordem traz de volta não apenas os eventos passados, mas também o eu, um eu muito diferente, que os viveu.

Em O *Inominável*, Beckett tinha apresentado uma imagem do eu que consistia numa reunião de pensamentos fragmentários e de impulsos unidos apenas por alguns hábitos mentais que levavam o indivíduo a girar e a girar em padrões de pensamento já desgastados. Aqui ele apresenta um caso similar, um homem cuja vida, ao longo de quarenta ou cinquenta anos, é vista como uma sequência de eus fragmentários unidos apenas pelo hábito e por um fio de memória. Novamente, a explicação de Proust feita por Beckett, ainda que escrita vinte e sete anos antes de *Krapp*, pode nos ajudar a entender sua própria obra: "A vida é um hábito. Ou melhor: a vida é uma sucessão de hábitos, já que o indivíduo é uma sucessão de indivíduos; e o mundo, uma projeção da consciência do indivíduo... O pacto precisa ser continuamente renovado... A criação do mundo não aconteceu de uma vez por todas, mas acontece todo dia".[3]

A vida a que um homem olha em retrospecto é a vida dos eus que ele criou. Ainda que seus antigos eus estejam esquecidos, seus sucessivos padrões de hábitos são gerados uns pelos outros, tornando-o prisioneiro de homens que ele não consegue nem mais reconhecer.

---

[3] *Proust*, p. 8.

Ainda que Krapp ouça apenas uma fita, essa fita lhe mostra três de seus antigos eus, cada qual unido ao outro por certas continuidades, principalmente um egoísmo contínuo, que ironicamente também os isola um do outro pela mútua falta de simpatia que engendra. Cada um despreza os outros. A voz na fita é a do Krapp com menos trinta anos, com a idade de trinta e nove anos. É uma voz estranha e "bem pomposa" (p. 14). O homem mais jovem tinha acabado de celebrar seu aniversário sozinho no bar e voltou para sua "caverna" e seus "velhos trapos", provavelmente a mesma caverna em que ele está agora e talvez os mesmos trapos, para ouvir uma fita anterior e gravar suas reflexões atuais. "Escarnece daquilo que chama de sua juventude e agradece a Deus por ela ter acabado", diz o Krapp de trinta e nove anos a respeito do Krapp anterior, dez ou doze anos mais jovem, e depois acrescenta: "Olha o tom da falsidade" (p. 17). Ele não percebia que o tom pomposo de sua própria voz tinha sua própria falsidade, mas isso está claro para o Krapp do presente. "Fiquei ouvindo agora o babaca que eu me considerava há trinta anos", diz o Krapp atual em sua própria gravação um pouco depois – talvez a "última" gravação a que se refere o título? – "é duro acreditar que eu já tenha sido daquele jeito. Graças a Deus que tudo isso já acabou" (p. 24). O Krapp de trinta e nove anos tinha igualmente achado "duro de acreditar" que ele tivesse sido "aquele jovem idiota" (p. 16) aos vinte e sete ou vinte e nove anos. Nenhum deles se deixa enganar pelos eus anteriores, mas cada qual permanece igualmente suscetível à ilusão de que qualquer coisa que um deles tenha feito ou sido pode "ser dada por encerrada".

O Krapp de vinte e sete ou vinte e nove anos ficava "indo e voltando" com uma garota chamada Bianca, que morava na rua Kedar. "E aquilo, Deus do céu, pois é!", diz a voz na gravação. "Sem a menor chance" (p. 16). O Krapp mais jovem não tinha falado muito de Bianca, mas uma referência aos olhos dela despertou mais interesse no de trinta e nove anos – "Muito calorosos. De repente vi-os de novo… Incomparáveis!" – do que as aspirações artísticas e resoluções de autoaprimoramento do mais jovem. "O que ficou de toda aquela miséria?", diz ele, pondo de lado todas as preocupações que pareciam tão importantes ao rapaz, "Uma garota num casaco verde fuleiro, numa plataforma de trem? Não?" (p. 17). Isso foi tudo que reteve significado para o homem da gravação.

Apesar de todo seu desprezo pela seriedade do mais novo, porém, o homem de trinta e nove anos não era muito diferente. Ao olhar para seu ano anterior, ele tenta separar "o grão da rabeira" (p. 14), tenta distinguir, isto é, "aquelas coisas que vale a pena possuir quando toda a poeira – quando toda a *minha* poeira tiver baixado" (p. 15). (A correção sugere o quanto é exclusiva a sua preocupação consigo.) Ele lista preocupações que se assemelham muito àquelas do mais novo e igualmente as enxerga de maneira muito torta. Recorda estar sentado num banco junto a um canal observando a janela em que sua mãe esteve à beira da morte "após sua longa viuvidade" (p. 18) – palavra que o Krapp contemporâneo precisa ir olhar no dicionário – desejando que ela já estivesse morta. Com essa lembrança vêm outras lembranças de pessoas que ele chegara a "conhecer" na vizinhança, "de rosto, bem, é claro!" (p. 19), entre as quais a enfermeira morena referida na entrada do livro de registro. Após a persiana descer, significando a morte da mãe de Krapp, veio um cachorro branco procurando uma bola preta que ele tinha pego. Krapp sentou por um momento contemplando o isolamento de todos os seres em suas próprias correntes distintas da vida – "Momentos. Momentos dela, momentos meus... Momentos do cachorro" (p. 20) – e então deu a bola ao cachorro.

Nenhuma dessas lembranças, porém, parecia muito importante ao Krapp de trinta e nove anos, mas meros fragmentos aleatórios que lhe voltavam por associação. O que importava para ele era sua "visão", claramente uma impressão de inteireza ou de propósito que transcendia e unia os elementos de sua vida: "Espiritualmente, um ano de profundas tristeza e indigência até aquela noite memorável em março, no final do quebra-mar, ao vento uivante, que jamais será esquecido, quando subitamente vi tudo. A visão, enfim. Isso, acho eu, é o mais importante que tenho para gravar essa noite. O que eu subitamente vi foi o seguinte, que a crença que tive a vida toda, isto é..." (p. 20-21).

Ele é cortado pelo Krapp contemporâneo, que não apenas já esqueceu essa visão, como sequer está interessado nela. O Krapp atual passa a fita para a frente e interrompe em outro fragmento – "claro para mim finalmente que a escuridão que sempre lutei para conter é na verdade minha maior" – e depois em outro, sobre "a luz do entendimento e o fogo", até que finalmente chega a algo que acha mais interessante, ainda que provavelmente muito menos importante para o Krapp da gravação, uma cena em que ele estava vagueando num barco com uma garota. "Solta! Deus do céu! Tira o dever de casa da cabeça dele! Céus!", diz depois o Krapp do presente para sua própria gravação (p. 24), enojado com as prioridades de seu eu anterior. Novamente, tudo que fica de valor depois é uma memória como a da garota no casaco verde fuleiro na plataforma de trem. Mas também, mais uma vez, a nova gravação começa com uma fala que, ainda que dita numa voz menos vigorosa, tem um tom igualmente pomposo e pedante: "Tudo ali, tudo nesse velho monte de estrume, toda a luz a toda a treva e toda a fome e todo o banquete das... das eras!". A diferença está simplesmente na avaliação do que é a fome e do que é o banquete. "Os olhos que ela tinha!", diz.

A descrição dele de suas atividades atuais deixa ainda mais claro como houve pouca mudança fundamental, apesar de seu sentimento de perda de continuidade entre seus eus sucessivos. Ele vendeu dezessete cópias de um livro – o *opus magnum* que sonhara escrever quarenta anos antes? – e passa o tempo chorando por um livro chamado *Effie*[4] – o mesmo livro? –, às vezes se arrastando para fora para se sentar tremendo no parque e ansiar pela morte. Às vezes ele copula "com uma prostituta que mais parece um ossudo espectro" chamada

---

[4] Esse também parece ter sido o livro que Dan e Maddy Rooney liam juntos em *Todos os que Caem*, p. 70.

Fanny. Uma vez foi ver as Vésperas, "como quando eu andava de calça curta" (p. 26), mas dormiu e caiu do banco da igreja. De noite, na cama, ele fica deitado no escuro sonhando com sua juventude. Desiludido e cansado, finalmente desiste da gravação que está fazendo e volta para aquela do homem de trinta e nove anos, na cena no barco com a garota.

A peça termina com Krapp olhando imóvel o vazio e a fita chegando ao fim, girando em silêncio. Numa certa medida, a experiência de repassar seus antigos eus fê-lo crescer – crescer, isso é, no sentido de que ele perdeu algo de sua ilusão de autossuficiência e ganhou alguma percepção da solidão de sua vida. Mas esse crescimento não o levou muito longe. Seu autoconhecimento é maior do que antes, mas não muito profundo. Ao final, ele não está curado, e sim paralisado.

O que deu errado? Que escolhas levaram-no a esse beco sem saída? O próprio Krapp parece entender muito mal o que se passa. Só percebe que o ponto aonde chegou realmente não tem saída. As pistas estão presentes, mas Krapp está perto demais delas. A plateia, porém, está em posição de enxergar mais claramente. Um padrão imagético que lentamente emerge ao longo da peça, as imagens da luz e da escuridão, aponta para a resposta.

O Krapp de trinta e nove anos disse em sua gravação que gostava das nítidas áreas de luz e de escuridão que a lâmpada acima da mesa demarcava em sua sala: "A nova lâmpada em cima da mesa é uma grande melhora. Com toda essa escuridão à minha volta, eu me sinto menos sozinho. (*Pausa*.) Num certo sentido. (*Pausa*.) Adoro levantar e andar por ela, e depois voltar aqui para... (*hesita*) ... mim mesmo. (*Pausa*.) Krapp" (p. 14-15).

Claro que Krapp provavelmente entende o simbolismo disso tudo – afinal, foi ele quem colocou a lâmpada ali – e isso tem relativamente pouco sentido. Ele não está menos sozinho com a escuridão à sua volta; ele apenas se sente assim por um instante. Surge, porém, um significado mais profundo, à medida que a associação das ideias simbolizadas pela luz e pela escuridão com as diversas mulheres de sua vida é gradualmente revelada. Assim como a vida de Krapp se alterna entre períodos na luz e períodos de fuga para a escuridão, igualmente as mulheres de sua vida representam, para ele, ainda que na melhor das hipóteses só o perceba muito vagamente, uma combinação ambígua de luz e de escuridão, de vida e morte, de desafio e fuga. Ao convocá-lo a ter relações adultas, elas o desafiam a tornar-se homem, um indivíduo consciente, plenamente desenvolvido, com a coragem e a força de andar na luz; mas ao mesmo tempo elas são para ele a tentação de recuar em direção à relação de uma criança com a mãe, para a escuridão e para a segurança do útero. Os dois caminhos o assustam: para a frente, para a luz e para a vida plena, ou para trás, para a escuridão e para a morte espiritual ou psicológica. Meio na vida e meio fora dela, ele não consegue escolher nem uma direção, nem outra. Suas reações às diversas mulheres que conheceu foram em grande parte informadas por essa ambivalência.

Há também outro significado nessas imagens, igualmente relevante para o problema das relações de Krapp com as mulheres e com a vida. A luz, associada, como vimos, à consciência, é uma área em que os contornos das coisas podem ser vistos claramente, nitidamente delineados e distintos uns dos outros. Nesse sentido, ela corresponde à racionalidade, à área da vida em que o homem pode conceitualizar sua experiência e assim sentir-se senhor dela. A escuridão, por outro lado, está associada com o não racional, com a área de mistério, em que o homem não está mais no controle, podendo apenas abrir-se para receber experiências que desmontam ou ignoram seus conceitos, derrubam-no e reduzem-no à submissão. Nessa área, a clareza fica borrada e a consciência dilui-se na inconsciência.

Para uma pessoa que só consegue enxergar a vida racionalmente, somente em nítido branco e preto, como geralmente fazem os personagens de Beckett, sobretudo seus homens, a escuridão é assustadora.

Para entrar no tipo de relacionamento a que as mulheres o convocam, Krapp teria de aceitar uma vida em que a luz da razão e a escuridão do não racional ficariam lado a lado, alcançar-se-iam mutuamente, e interpenetrar-se-iam. Isso, porém, é algo que ele teme como se fosse uma ameaça a seu próprio ser. A ironia é que, como ele é incapaz de aproximar-se da vida desse modo, isto é, de aceitá-la em sua total complexidade e mistério, ele nunca consegue tornar-se totalmente vivo. Nas mulheres que entram em sua vida e que são expulsas dela pelo medo dele, não são somente as outras que o convocam, mas também suas próprias profundezas.

Tirando a mãe, a primeira mulher mencionada na peça é Bianca, cujo nome, significativamente, quer dizer branca em italiano, e cujo morada ficava na rua Kedar. Kedar significa "escuro" em hebraico. Como figura branca, associada com a luz, ela representava um desafio ao qual Krapp deveria viver, aceitando o pleno ser masculino numa relação com ela. Ao mesmo tempo, porém, e aqui o desafio apresentava especial dificuldade para Krapp, estar com ela significaria aceitar a escuridão de sua morada. Ser um homem nessa relação significaria ter a coragem de viver cercado de mistério. O Krapp mais jovem escolheu retirar-se do desafio, e o de trinta e nove anos, ao olhar para trás, reafirmou essa decisão; ele se sentiu contente por ter escapado. A lembrança que ficou daquela relação era menos perturbadora do que teria sido a experiência. À distância de dez ou doze anos, ele conseguia esquecer o que o afastou dela e selecionar, na realidade complexa da qual ela era um símbolo, aquilo que era apenas um lado de sua atração: o calor de seus olhos. Temendo aceitá-la como mulher, pôde, em retrospecto, reduzi-la à mãe. Olhando da sua distância no tempo, ele conseguia ver que o homem mais jovem não tinha percebido que Bianca fora mais importante do que suas aspirações intelectuais, mas ele mesmo tinha esquecido qual era o verdadeiro peso dela. O escuro dos olhos dela tinha, na verdade, oferecido não o calor do útero, mas o desafio do mistério.

Evidentemente, a única mulher com quem Krapp teve um relacionamento longo foi sua mãe. O homem de trinta e nove anos diz na gravação que ficou sentado observando a janela dela, desejando que ela sumisse. Por ter sido a mãe que o carregou, ela há de ter representado para ele o útero que o lançou para o mundo e a escuridão de onde ele veio. Dividido entre o ser e o não ser, ele deve ter-se ressentido dela por ter-lhe parido e, ao mesmo tempo, teve medo de um recuo a uma dependência infantil, tentação que ela, como mãe, continuava a representar. Seu longo estado de viuvez – "profundo luto de viuvidade" (p. 18) – associa-a à escuridão e à fuga da vida, e a referência que o Krapp presente encontra no dicionário à plumagem escura do pássaro viúva macho recorda a nós, se não a ele, a similaridade entre ele e ela. Seu desejo pela morte dela provavelmente nasceu de um complicado conflito interior: seu ressentimento, por um lado, por ela ter-lhe imposto o ônus de ser, e, por outro, um ressentimento igualmente profundo pela paralisia da vontade em que a tentação simbolizada por ela o prendia, impedindo-o de enfrentar aquele ônus como homem.

Todo esse complexo de atitudes aparece por inteiro em sua reação à figura da "enfermeira morena".

Como imagem, a pessoa dela combina tanto luz quanto escuridão. O branco de seu uniforme sugere o chamado ao ser consciente, ao mesmo tempo que o escuro de sua cor sugere o reino de mistério a que ele seria levado por uma relação com uma mulher. Seu papel de enfermeira, por outro lado, sugere a possibilidade de fuga para uma dependência infantil que simultaneamente o libertaria de sua masculinidade e o privaria dela. A descrição da enfermeira feita pelo Krapp de trinta e nove anos revela a complexidade de suas reações: "Lembro particularmente de uma bela jovem morena, roupa branca engomada, seios incomparáveis, com um carrinho de bebê preto e coberto, um negócio mais funéreo" (p. 19). Essa noiva resplandecente, com seios ao mesmo tempo sexualmente provocantes e maternais, simultaneamente o atrai para o ser homem e para o ser criança, para a atividade e para a passividade, para a vida e para a morte.

A reação dela a Krapp é talvez igualmente significativa. Representando a maternidade, ao menos em parte, ela ameaçou chamar a polícia quando Krapp foi "ousado o bastante" para abordá-la. Isso pode indicar que a incapacidade de Krapp para viver não era só culpa dele. Talvez não fosse só ele, mas as mulheres em sua vida também não conseguiam decidir se queriam ser suas esposas ou suas mães. Todavia, qualquer que seja a razão da perda, a sensação da perda permanece. Ao voltar-se para a época em que a gravação foi feita, ele viu que a imagem dos olhos dela ainda o atraía: "Os olhos! Como... crisólito!"

Algumas indicações sobre o que uma relação plenamente madura com uma mulher poderia ter sido se Krapp tivesse sido capaz de vivê-la aparecem na descrição dada pelo Krapp de trinta e nove anos da menina no barco, a cena que o Krapp mais velho acha tão fascinante: "Falei de novo que achava que era inútil, que não adiantava continuar, e ela concordou, sem abrir os olhos. (*Pausa.*) Pedi a ela que olhasse para mim e, após alguns momentos – (*pausa*) – após alguns momentos, ela olhou, mas mal abriu os olhos, por causa do brilho. Me curvei sobre ela para que eles ficassem na sombra, e eles abriram. (*Pausa. Voz baixa.*) Deixa eu entrar" (p. 27).

Aqui, ainda que ele tenha se afastado até quando se aproximou, ele parece ter chegado mais perto do que em qualquer outra ocasião de uma genuína interpenetração com outra pessoa. É significativo que essa proximidade tenha acontecido na sombra. Para entrar nela por seus olhos, as janelas tradicionais da alma, ele teve de protegê-los do brilho ofuscante do sol, para que eles pudessem se abrir. Igualmente, o compartilhamento emocional das vidas só pode acontecer numa área de sombra, não no brilho do conceitualismo racionalista, mas numa condição de abertura às profundezas obscuras da experiência.

Talvez os vagos princípios de uma compreensão de algo da complexidade de sua relação com o lado obscuro da vida, tal como corporificado pelas mulheres, fosse parte da visão filosófica que parecia tão importante para o Krapp de trinta e nove anos. Sua referência à "escuridão" que ele sempre lutou para suprimir e a como finalmente ficou claro para ele que na verdade isso era algo muito importante, parece apontar nessa direção. Talvez ele quisesse dizer que o lado emocional não conceitual da experiência fosse algo que ele não tinha levado suficientemente a sério, nem tinha abordado adequadamente. Se foi assim, porém, parece que a intuição não deu frutos na ação. Ao fim da gravação ele fala da oportunidade de viver, que agora está perdida, mas diz que prefere pensar na vida a vivê-la: "Talvez meus melhores anos tenham ido embora. Quando havia chance de felicidade. Mas eu não quero que eles voltem. Não com o fogo que hoje tenho. Não, não quero que voltem" (p. 28). Ele ainda preferia "a luz do entendimento e o fogo" (p. 21) – isto é, o fogo de sua visão – ao fogo da vida.

Tendo feito sua escolha e tendo-a renovado repetidas vezes, ele chegou à condição em que se encontra, velho e sozinho, diante da chegada da última noite que seu hino de Vésperas refere, sem nada para contemplar além de oportunidades rejeitadas e irrevogavelmente perdidas. Sua vida emocional continua sem desenvolvimento e, por conseguinte, infantil. Como sempre teve medo de ficar profundamente envolvido com o lado emocional da vida, nunca aprendeu a lidar com ele, exceto de maneira tosca, ou suprimindo-o inteiramente – "Últimos desejos. (*Veementemente.*) Para baixo!" –, ou chafurdando nele num abandono estéril e autocentrado, enquanto lê seu próprio livro, o qual, quer ele perceba ou não, é a história de sua própria incapacidade de viver: "Escaldei-me os olhos lendo *Effie* de novo, uma página por dia, com lágrimas de novo. Effie... Poderia ter sido feliz com ela, lá no Báltico, com os pinheiros, e as dunas... Poderia? E ela?... Bah!" (p. 25).

CAPÍTULO VI.
CINZAS

Cinzas (1959), a segunda peça que Beckett escreveu para o rádio, continua a investigação do tipo de pessoa representado por Krapp.[1] Henry, o personagem principal nesse caso, é uma espécie de Krapp com mulher e filho.[2] Como Krapp nunca se permitiu ficar preso na vida de um relacionamento, nunca tivemos a chance de ver como teria sido aquela vida. Para um leitor ou para uma plateia com o tipo de pressuposto ético que a maioria das pessoas tem, a incapacidade de Krapp de viver pareceria a incapacidade de viver à altura de um ideal ético. Normalmente tende-se a associar a afirmação da vida com o bem ético e a rejeição dela com o mal. Por conseguinte, é provável que se tenha a sensação de que Krapp "deveria" ter buscado a felicidade com Effie no Báltico entre os pinheiros e as dunas. Olhar para as peças de Beckett desse modo, porém, seria distorcer sua perspectiva; seria introduzir no mundo de Beckett aquilo que Hamm chamou de "as velhas questões" e respondê-las com "as velhas respostas". Krapp é um coitado, é verdade, tanto em seu auge, na crista da onda, como ele diz, e em seu declínio, mas não existe uma razão especial para presumir que a vida à qual ele disse "Bah!" não merecia exatamente essa resposta.

Cinzas deixa clara a ambiguidade irônica desse problema. O casamento de Henry mostra o que a vida exige daqueles que a vivem, e mostra que a vida que Henry e Krapp rejeitam é pura superfície,

---

[1] O texto aparece em *Krapp's Last Tape and other Dramatic Pieces*. As referências de páginas vêm entre parênteses.
[2] Pode ter sido por essa razão que Beckett deu a Henry um nome que significa "chefe da família", do alemão Heimrik. Ver Ruby Cohn, *Samuel Beckett: The Comic Gamut*. New Brunswick, NJ, Rutgers University Press, 1962, p. 250.

uma espécie de verniz sobre o nada. A vida da interação com os outros – homem e mulher; homem, mulher e criança – pode ter suas vantagens, mas essas vantagens não têm muito a ver com valor. Se Krapp tivesse escolhido uma vida com Effie, com a garota do barco, com Bianca ou com qualquer uma das outras que poderiam oferecer-lhe a oportunidade, ele teria sido menos solitário, assim como Henry era menos solitário quando Ada estava viva, e como ainda é quando ela reaparece em suas lembranças, mas ele não teria sido menos só. A companhia, na vida do mundo habitado por esses homens, não passa de uma distração de um isolamento profundo e talvez inevitável. Se existe alguma espécie de incapacidade ética, pareceria antes a incapacidade de fazer uma escolha positiva, de escolher ser ou não ser em vez de passivamente resignar-se a ser. Tanto Krapp quanto Henry se assemelham aos "podadores" no *Inferno* de Dante, aqueles condenados a vagar eternamente fora das profundezas do inferno porque sua incapacidade de ser bons ou maus seria ocasião de orgulho para os verdadeiros pecadores.[3] Como eles, Krapp e Henry são homens que raramente, ou nunca, elevam-se à dignidade de agir. É sobretudo por falta de uma palavra mais precisa que se fala das "escolhas" deles: a escolha, para ambos, é principalmente uma total incapacidade de escolher. Mas talvez chamar até isso de incapacidade ética seja outra vez trazer de volta o arcabouço das velhas perguntas e das velhas respostas. Beckett não faz esse tipo de pergunta: ele apenas descreve.

O símbolo-chave usado por Beckett para elucidar a natureza de Henry é o mar. Aquilo que o mar é na realidade não é, naturalmente, o que interessa; o que interessa é o que ele significa para Henry. Enquanto ele senta nos seixos e olha o mar, odiando-o, temendo-o e sentindo-se atraído por ele, o mar lhe parece um símbolo da própria vida, e a palavra vida é entendida em seu sentido mais inclusivo, o sentido que se usa quando se diz que a morte é parte da vida. Henry passou sua existência quase inteira na margem da vida, temendo deixá-la ou

---

[3] Canto III, versos 34-42.

mergulhar nela. Agora, durante o tempo da peça, ele fica sentado, observando-a, voltando-se para o passado e contemplando sua própria extinção. Enquanto ele espera a morte que virá, tenta afogar o rugido disforme do mar com sons que irão distraí-lo dele.

Primeiro ele tenta pensar no pai. Como a lembrança não é vívida o bastante para ter voz própria, Henry fala por ambos. "Esse som que você está ouvindo é o mar", diz, "estou falando isso porque o som é tão estranho, tão diferente do som do mar, que se você não visse o que é, não saberia o que era" (p. 95-96). A explicação de Henry não existe apenas por causa da audiência do rádio, que pode precisar dessa pista, assim como o pai morto precisaria; ela é parte integral do simbolismo do mar. Para Henry, o caráter vago do rugido do mar é um símbolo da informidade da vida. Henry não consegue tolerar a ausência de forma, assim como muitos dentre os personagens de Beckett que tentam reduzir o caos à ordem. O modo de Henry lidar com isso no momento é pensar no som de cascos de animais:

> Cascos! (*Pausa. Mais alto.*) Cascos! (*Som de cascos andando numa estrada dura. Eles somem rapidamente. Pausa.*) De novo! (*Cascos, como antes. Pausa. Com empolgação.*) Treiná-lo para marcar o tempo! Colocar ferraduras de aço e amarrá-lo no jardim, fazer ele trotar o dia todo! Um mamute de dez toneladas, redivivo dos mortos, colocar-lhe ferraduras de aço e amarrá-lo no jardim, fazê-lo bater os cascos o dia todo! (...) Um mamute de dez toneladas redivivo dos mortos, botar-lhe ferraduras de aço e fazê-lo pisar o mundo inteiro! (p. 96)

Um cavalo, com ferraduras de aço, feito pelo homem, que pudesse substituir o tedioso rugir do mar com uma batida nítida e precisa, equivaleria à natureza domesticada, transformada em algo com que o homem poderia sentir-se mais confortável. Mas mamute nenhum virá dos mortos pisar o mundo; os sons apenas existem enquanto a imaginação de Henry consegue pensá-los e, assim como sua vontade, sua imaginação já começa a falhar. Tudo que ele possui é a memória cada vez mais vaga de seu pai.

O pai de Henry é importante para ele por diversas razões. Ele é tanto semelhante a seu pai quanto diferente dele. Assim como o sr. Barrel, responsável pela estação ferroviária em *Todos os que Caem*, Henry herdou o mundo de seu pai, mas, ao contrário do sr. Barrell, é incapaz de assumir o lugar do pai. Ele passou o tempo de sua vida, meio querendo meio sem querer, perto do mar, cenário da vida e da morte do pai, sem conseguir imitá-lo na vida ou na morte. Seu pai "adorava a luz" (p. 96) e morava no lado ensolarado da baía para ter luz na água quando ia nadar ao fim do dia, mas Henry nunca mais nadou, e há muito tempo foi morar do outro lado da baía, na sombra. As nadadas do pai eram um símbolo tanto para ele próprio quanto para Henry de sua disposição de participar na vida oferecida pela condição humana, com suas inevitáveis limitações, e com possibilidade sempre presente da morte. É parcialmente por causa de seus sentimentos de inadequação por não ter sido capaz de seguir seu pai naquela vida que hoje Henry está atado à lembrança dele: "Você não me reconheceria agora, você lamentaria ter me feito nascer, mas você já era daquele jeito, um fiasco, foi isso a última coisa que ouvi você dizer, um fiasco. (*Pausa. Imitando a voz do pai.*) 'Você vem dar um mergulho?' 'Não.' 'Anda, vem.' 'Não.' Olha com cara furiosa, pisa duro até a porta, vira, olha. 'Um fiasco, é isso que você é, um fiasco!' (*Bate violentamente a porta.*)... Trancado para a vida desse jeito!... Fiasco!... Queria Deus que ela tivesse" (p. 101-02).

Em algum momento o pai de Henry passou a dar seu mergulho "vezes demais" (p. 96), e a questão de a morte dele ter acontecido por escolha ou por acidente é clara, e desde então assombra Henry. A meditação dele naquela noite é em parte uma tentativa de achar a resposta.

Como depois se revela na conversa de Henry com a lembrança do fantasma de sua esposa, Ada, a morte de seu pai pode ter sido um suicídio precipitado pelo desespero que vinha de Henry não participar ativamente da vida. Significativo também é que tenha acontecido num dia em que Henry deveria ter ido nadar com Ada. "Você não foi", diz Ada, "Fui te buscar, como tínhamos combinado. A gente ia nadar junto." É típico que tenha sido Ada que fora buscar Henry; tinha sido obviamente o impulso dela para a vida doméstica que levou Henry a casar-se e a tornar-se pai, e sua relutância em ir nadar com ela aquele dia foi uma expressão simbólica de sua relutância em ser levado para aquela vida. Para sua família, isso era um claro sinal do completo "fiasco" que ele era, e a sua reação foi de desgosto e desespero: "Ninguém sabia onde você estava. Sua cama, ninguém parecia ter dormido ali. Todo mundo ficava gritando um com o outro. Sua irmã falou que ia se jogar do precipício. Seu pai levantou e saiu, batendo a porta. Eu saí logo depois e passei por ele na estrada. Ele não me viu. Ele estava sentado numa pedra, olhando o mar. Nunca esqueci a postura dele" (p. 116-17).

Tinha algo estranho na postura dele, diz ela, mas ela nunca conseguiu entender exatamente o que era. É óbvio que aquilo que incomoda Henry é a questão de saber se aquela era só a postura de um homem desgostoso com o filho ou se era também a de um homem prestes a se afogar. Nesse momento, Ada desaparece e Henry tem de continuar ele mesmo a reconstruir o resto da história dela, provavelmente uma história que ele já repassou muitas vezes na memória. Ele a imagina seguindo o caminho até o bonde, sentando-se na parte aberta e então, subitamente, sentindo uma inquietação, descendo e voltando pelo caminho para procurar pelo pai dele e, por fim, sem ver qualquer sinal dele, voltando e tomando o bonde para casa. O mistério fica sem solução. Tudo que Henry pode fazer é repassar a história de novo e de novo.

Se realmente foi a indisposição de Henry para mergulhar na vida que precipitou a morte de seu pai, então seu pai também desistiu um pouco prematuramente. Ada finalmente conseguiu levar Henry ao altar e até arrancar uma filha dele. Por outro lado, porém, a avaliação que o pai fazia dele estava essencialmente correta. Para Henry, seu casamento não era um salto de coração aberto nas águas da vida, mas apenas uma espécie de patinhar meio sem vontade no raso e, como Ada morreu, ele retornou tanto figurativa quanto literalmente para a praia, onde permaneceu distante e apartado da vida desde então.

A que tipo de vida Ada o tinha levado por algum tempo? Henry a recorda e parece que foi uma rotina monótona de conversinhas sobre banalidades: "Ada também, conversar com ela, era um negócio, assim que deve ser o inferno, aquele blá blá blá até o murmurar do Letes sobre os velhos tempos em que a gente desejava estar morto. (...) O preço da margarina há cinquenta anos. (...) E agora (...) O preço da marca de margarina de hoje em dia!" (p. 102-03). A sufocante domesticidade de sua relação é revelada assim que a lembrança dela aparece na mente dele e assume uma voz. "Você não devia ficar sentado aí nessa pedra fria", diz ela, "faz mal pros seus tumores" (p. 103), e continua, perguntando se colocou as ceroulas de flanela, chegando por fim a irritá-lo ao ponto em que, como se sua voz fosse a do mar que novamente o atormenta, ele pede que o som dos cascos a afogue. Ela quer que Henry se envolva com a vida, mas nunca de um jeito que vá contra o decoro e as convenções. Isso é simbolicamente demonstrado na cena em que, após instá-lo a andar até a beira d'água, ela o adverte, "Não vá molhar as suas botas boas" (p. 110). "Não, não", diz Henry enquanto lhe volta a lembrança de Ada implorando, "Não! Não!", vinte anos antes, quando Henry, arrebatado momentaneamente pela paixão que ela lhe despertava, seduzia-a pela primeira vez, e na mesma praia. Ada precisou da ajuda do apetite sexual para prender Henry no casamento, mas como seu objetivo eram as respeitáveis convenções, é natural que uma pura e simples cópula num buraco da praia não fizesse parte de suas ideias de conduta. Ela estava sempre preocupada com o que os outros poderiam pensar. "Sim", diz Henry, "você sempre foi sensível a ser vista em conversas galantes. Bastava um sinalzinho de fumaça no horizonte e você ajeitava o vestido e mergulhava no Guardian de Manchester" (p. 113).

Faz sentido que sua filha, Addie, tenha recebido o nome da mãe, já que toda a preocupação de Ada era fazer de sua filha uma versão ligeiramente mais refinada do tipo de convenção cortês que tinha sido seu próprio objetivo em vida. Agora, mesmo depois de morta, ela ainda tem força suficiente na memória de Henry para impor sua vontade à vida da filha por meio dele. É Ada quem insiste que Addie tem de aprender os dotes normalmente considerados como algo que uma jovem senhorita deva aprender:

> Henry: Não bastou arrastá-la para o mundo dela, agora ela tem de tocar piano.
> Ada: Ela tem de aprender. Ela vai aprender. Isso – e a montar. (p. 108-09)

Isso de treinar Addie para a vida que vai levar adiante os ideais femininos da mãe – ideais que a própria Ada, aliás, não encarnava, já que ela não aprendeu música e montaria até "muito tarde", e teve de contentar-se com a geometria plana e sólida – envolve uma espécie de imposição brutal à natureza que fica clara nos paroxismos chorosos de Addie, que encerram as lições imaginárias de piano e montaria. Contudo, é isso que Ada quer.

Ada dá valor à vida de que Henry e sua filha desconfiam, e não consegue entender por que ela seria tão perturbadora. "O que há de errado com ele", pergunta, referindo-se ao som do mar, "é um som pacífico, gentil, calmante, por que é que você o detesta... E por que a vida?" (p. 112-13). Por algum tempo, durante seus anos juntos, ela até conseguiu convencer Henry de que a vida poderia ser algo com que ele conseguisse viver, e agora a lembrança daquele período de envolvimento com a vida mais uma vez desperta nele o pensamento de que talvez a vida e o mar, símbolo dela, poderiam enfim ter sido suportáveis: "Demoramos um tempão para tê-lo. (...) Anos ficamos insistindo nele. (...) Escuta! (...) Não é tão ruim quando você entra nele. (...) Talvez eu devesse ter entrado para a marinha mercante" (p. 114). Ele até sugere que eles saiam para remar.

Esses momentos de otimismo, porém, são passageiros. Na maior parte do tempo, o mar é para Henry um horror, como quando fala dos "lábios e garras" (p. 106) do mar, ou como quando, após Ada ter falado de seu som gentil e calmante, ele toma duas grandes pedras e as bate uma contra a outra, violentamente: "Baques, quero baques! Assim! (...) Isso é a vida! (...) Não esse (...) tragar!" (p. 112-13). Assim como os lábios e as garras do mar tragam e rasgam a terra, também a vida, por meio de um processo lento e inevitável de erosão, atrai Henry para ela, se não para viver, então para enfim morrer. Os dois resultados são para ele igualmente assustadores e também um pouquinho vergonhosos, já que seu pai conseguiu fazer as duas coisas de modo mais corajoso. Provavelmente não é só a ideia de culpa por ter talvez levado seu pai a suicidar-se que liga Henry à lembrança do último dia de seu pai e a essa "velha tumba" (p. 106), o mar, mas também a vergonha diante de sua incapacidade de imitar o pai naquele último ato decisivo. Ada às vezes sugere que a possibilidade do suicídio ainda está aberta para ele, dizendo que, por baixo da superfície do mar, há "um silêncio de túmulo. Nem um barulhinho. O dia todo, a noite toda, nem um barulho" (p. 114) e que se ele realmente quer "estar com" seu pai, não há "nenhuma dificuldade quanto a isso" (p. 115). Essa decisão estaria além de Henry, porém, e a própria sugestão faz com que ele recue para uma defesa à qual ele normalmente não se rebaixaria; um senso de cortesia convencional: "Hoje você parece um pouco mais rude, Ada". De fato, é precisamente como defesa de ideias da própria morte que ele quer a companhia da lembrança de Ada. "Continue, continue!", ele implora quando ela para de falar, "Continue, Ada, cada sílaba é um segundo que se ganha" (p. 117). Ele quer dizer não apenas que cada sílaba é um momento informado arrancado do mar informe do tempo, mas também que cada momento que ele pode continuar falando com ela atrasa seu retorno à história de Bolton e de Holloway, uma história na qual ele projeta seus próprios desejo e temor simultâneos da morte.

Fica claro que a história não passa de uma mal ficcionalizada versão de sua vida quando Ada se refere a Holloway como uma pessoa real, um médico, ainda vivo (p. 112), e pelo fato de que, à medida que Henry se aproxima do fim da história, ele se dirige a Bolton usando a segunda pessoa – "o tremorzinho no teu velho punho" (p. 120-21) – como se estivesse falando consigo mesmo, ao passo que Holloway continua apenas "ele". Claro que a história nunca chega efetivamente ao fim; seu fim demandaria a resolução do problema da vida de Henry que ela descreve: "Nunca a terminei, nunca terminei nada, tudo sempre continuou para sempre" (p. 97). Ada observava a similaridade que ela às vezes notava entre a postura de Henry e a de seu pai no dia de sua morte (p. 117), e Henry provavelmente passou boa parte do seu tempo pensando no suicídio, mas uma decisão definitiva quanto a isso está muito além dele. Em vez disso, ele observa o fogo de sua vida morrer devagar, temendo a morte prolongada tanto quanto a rápida, paralisado na inação. A história de Bolton e de Holloway apresenta um retrato completo num microcosmo.

Ela começa com Bolton diante da lareira, "parado ali, esperando no escuro, sem luz, só a luz da lareira, e nenhum som de nenhuma espécie, um velho seriamente perturbado" (p. 98). A pessoa por quem ele espera é Holloway, para quem mandou uma mensagem dizendo que passa por "necessidades urgentes" e que Holloway precisa trazer a bolsa preta. Quando Holloway chega, ele está impaciente: "Meu caro Bolton, já passou da meia-noite, se você tiver a caridade de..." (p. 99). Bolton não especifica o que ele quer, mas seu "Por favor! POR FAVOR!" indica que ele quer aquilo desesperadamente e que Holloway já sabe do que se trata. Claro que, incapaz de fazer ele mesmo algo para acabar com a própria vida, ele quer convencer Holloway a fazer isso. Holloway, que já discutiu tudo isso com Bolton, talvez muitas vezes, e que não quer "discutir tudo isso de novo" (p. 120), oferece-lhe não a libertação definitiva desejada, mas apenas os meios de suportar a vida um pouco mais: "Se o que você quer é uma injeção, Bolton, abaixe as calças que eu te dou uma injeção, vou fazer uma pan-histerectomia às nove". Claro que ele se refere a uma anestesia (como Henry, o narrador, observa) (p. 119).

Um "bom sujeito, de um metro e oitenta, corpulento" (p. 99-100), Holloway é um homem com uma atitude firme no mundo, capaz de lidar com a vida nos termos que ela apresenta. Ele, como Ada, está disposto a aceitar a condição humana, mesmo que isso signifique uma vida vazia e convencional, e crê que sua missão como médico é preservar esse tipo de vida, não importando se isso significa administrar paliativos ou retirar "todo o saco de truques", como o sr. Tyler diz em *Todos os que Caem* (p. 38). A lembrança de *Todos os que Caem* na menção à pan-histerectomia é significativa, já que a vida representada por Ada e por Holloway é essencialmente a mesma que a de Boghill, uma vida superficial que lentamente definha por causa do oco em seu fulcro. O homem convencional consegue suportar esse tipo de vida porque pode evitar olhar seu vazio; um homem como Bolton ou Henry, por outro lado, desprovido da vontade e da força para adaptar-se, está privado das ilusões que a adaptação proporciona àqueles que a escolhem, ilusões que ocultam o verdadeiro vazio da vida por trás de uma tela feita de orgulho, de propriedade, de poder, de religião, de compromisso ético, etc. Em vez disso, ele precisa enfrentar um universo sem sentido em sua realidade mais crua, e olhar sem esperanças a morte lenta e irresistivelmente aproximar-se. O declínio gradual do fogo na grelha, com o "som medonho" que faz à medida que cai nas cinzas que de início brilham, e depois lentamente esfriam, tem um paralelo no morrer que está acontecendo em Henry, em Bolton, e no mundo.

À medida que a história se aproxima do fim, o fogo se apaga, e um "frio de rachar" (p. 119) se apropria da sala, assim como já se apropriou do "mundo branco" do lado de fora. Bolton fica na janela, olhando através das cortinas a brancura do lado de fora e também a escuridão do lado de dentro, "branco, preto, branco, preto" (p. 120), a morte dentro e a morte fora. Nem Bolton nem Henry podem acabar com a lenta erosão, nem podem escapar da consciência que têm dela.

Henry está ficando sem lembranças para distrair-se: nem Ada nem seu pai aparecem mais quando ele chama. E Bolton vai acabar junto com Henry, de modo igualmente lento. Henry olha sua agenda para ver se outras distrações virão libertá-lo momentaneamente de sua consciência excessivamente aguda do vazio que há nele e em tudo à sua volta. Um encanador vem na manhã seguinte às nove, mas, depois disso, nada: "Sábado... nada. Domingo... domingo nada o dia todo. ... Nada, o dia todo nada. ... Todo dia, toda noite, nada, nada" (p. 121). A peça termina como começou, com o som do mar.

CAPÍTULO VII.
DUAS PANTOMIMAS: ATO SEM PALAVRAS I e ATO SEM PALAVRAS II

Em suas duas pantomimas, Beckett apresenta de maneira muito simples e estilizada retratos de certos aspectos da condição humana. O primeiro deles enfatiza o problema da relação do homem com um mundo exterior que está além do seu controle e que frustra todos os seus esforços para torná-lo habitável. O segundo se concentra na relação do homem com as forças internas que o impulsionam e que, apesar do fato de estarem dentro dele, permanecem igualmente fora do seu controle.

Ato sem Palavras I,[1] montado pela primeira vez em 1957 no mesmo programa que a primeira produção de *Fim de Partida*, parece intimamente relacionado tanto com aquela peça quanto com *Esperando Godot*. Em *Godot*, a derrota da esperança levava ao reacender dessa mesma esperança, um círculo vicioso em que as ilusões rejeitadas são teimosamente transformadas em objetos de fixação, como se essa fosse a única defesa contra a visão de uma realidade sem sentido. *Fim de Partida* apresentava a possibilidade, se não o ato, de romper com esse círculo. *Ato sem Palavras I* leva seu protagonista, "o homem", a um ponto em que ele finalmente apreende a futilidade de todas as esperanças que o mundo lhe oferece e consegue enfrentar isso resistindo a todas as tentações de retornar a elas.

---

[1] Não há referências de páginas para nenhuma das pantomimas, já que ambas são muito curtas. *Act without Words I* aparece tanto em *Endgame* quanto em *Krapp's Last Tape and other Dramatic Pieces*. *Act without Words II* aparece somente neste último volume.

A cena é um deserto, numa luz "ofuscante". O cenário seco e estéril é um símbolo do vazio e da inospitalidade do mundo em que o homem se encontra, e a luz ofuscante corresponde à consciência dessa condição que o homem é forçado a ter, uma consciência que é ao mesmo tempo desconcertante e difícil de evitar. É significativo que o homem seja "lançado" ao palco: Martin Heidegger, filósofo cuja obra Beckett parece conhecer relativamente bem, fala em *Geworfenheit*, o estado de ser "jogado" ou "lançado" na existência, como se fosse a situação existencial básica do homem.[2] O homem se vê vivo e consciente num mundo que não escolheu e com várias limitações específicas em si, sobre as quais não tem nenhum controle. Isso constitui aquilo que Heidegger chama de a "facticidade" do homem. A facticidade do homem em *Ato sem Palavras I* é a de uma pessoa que se vê jogada numa condição humana que o deixa com sede e com calor. Ele não gosta da situação, mas quando um apito das coxias o seduz a tentar sair, ele se vê jogado de volta imediatamente. Quando responde a outro apito do outro lado do palco, a mesma coisa acontece de novo. Ele já está começando a aprender não só que não pode fugir da existência, mas também que o mundo em que ele é obrigado a viver é governado por forças que estão além do seu controle e que gostam de provocá-lo. Tendo aprendido isso, ele ignora o apito seguinte.

O resto da pantomima é uma sequência de outras ofertas e frustrações, e a ação é o lento processo de aprendizado que enfim leva o protagonista à percepção clara e aparentemente final de que buscar qualquer bem oferecido pelo mundo é fútil. O homem fica tentado por diversas delícias em potencial. Uma árvore desce das bambolinas, oferecendo-lhe a possibilidade de sombra para aliviar o calor do sol, e ele vai e se senta embaixo dela. Então, quando se senta e olha para

---

[2] Beckett mencionou Heidegger na entrevista com Tom Driver, "Beckett by the Madeleine", p. 23. Ver também Eugene Webb, *Beckett: Novels*, p. 18. Para a discussão de Heidegger de seu conceito de *Geworfenheit*, ver Martin Heidegger, *Sein und Zeit*. Halle, Max Niemeyer, 1929, I, 135; tradução inglesa, *Being and Time*. Trad. John Macquarrie e Edward Robinson. Oxford, Basil Blackwell, 1962, p. 174.

as mãos, evidentemente pensando que suas unhas parecem estar precisando de um corte, desce uma imensa tesoura de alfaiate, e o apito chama sua atenção para ela. Ele pega a tesoura e começa a cortar as unhas. Quando a fronde da palmeira se fecha, porém, e a sombra desaparece, ele começa a ficar um pouco desconfiado, deixando a tesoura cair, e reflete.

Depois disso, uma pequena garrafa com a etiqueta "Água" desce e flutua quase três metros acima do chão. Sem conseguir alcançá-la do chão, ele recebe primeiro um cubo e em seguida outro, de tamanhos diferentes, para que possa empilhar e então subir neles. Claro que ele demora um pouco a dominar a técnica – as caixas têm de ser amontoadas com a menor em cima da maior e não o contrário – e leva um tombo enquanto aprende, mas enfim tem sucesso. O processo, tal como se apresenta, possui uma interessante semelhança com aquele descrito por Wolfgang Köhler em *The Mentality of Apes* [A Mentalidade dos Macacos], que descreve o estudo dos processos de aprendizado dos macacos que, vendo bananas suspensas no alto, recebem varas com que puxá-las para baixo ou caixas em que subir para pegá-las.[3] A diferença entre os experimentos de Köhler e aqueles a que o protagonista da pantomima é submetido é, naturalmente, que se os macacos ao menos puderem aproveitar as bananas em paz após tê-las alcançado, o homem não tem essa alegria. Quando o protagonista está prestes a alcançar a garrafa, ela é erguida um pouco, ficando pouco acima do seu alcance. Um terceiro cubo é oferecido, para mais uma tentativa, mas quando o apito chama sua atenção para ele, o homem não se move, e o cubo é retirado. Ele está aprendendo.

Contudo, ele aprende devagar: quando uma corda com nós para trepar desce das bambolinas, ele sobe nela, e é deixado cair assim que vai alcançar a garrafa. A situação dele é como a de Tântalo no Hades,

---

[3] Nova York, Harcourt Brace, 1925. Ver, por exemplo, a fotografia ao lado da página 144, que mostra um macaco empilhando caixas para poder alcançar um cacho de bananas.

mas a realidade completa disso só fica clara para ele aos poucos. Ele nunca poderá receber nenhum benefício substancial das gratificações que lhe são oferecidas, e buscá-las só vai levar a frustrações cada vez maiores, porém ele tem de passar por um número bem grande de tentativas antes de perceber como elas são fúteis. E não há jeito de ele poder vingar-se dessa situação, nem de escapar dela. Ele comete o erro de experimentar cortar a corda com a tesoura, talvez numa tentativa de vingar-se, mas então é levantado do chão, de modo que, ao cortá--la, cai de novo. Com a corda que resta, tenta laçar a garrafa, mas ela é imediatamente tirada de vista. Depois pensa em enforcar-se no galho de uma árvore, mas, esquecendo uma de suas lições anteriores, ele se deixa ficar tentado a buscar sair de novo do palco quando ouve o apito das coxias. Claro que essa tentativa é tão fracassada quanto as outras: ele é "lançado" de volta ao palco, levando o mesmo tombo de sempre. Ele resiste ao apito seguinte, do outro lado do palco, mas comete o erro de pensar de novo que talvez seja capaz de fugir se matando. Ao pegar a tesoura para cortar as unhas, nota suas pontas afiadas, e abre o colarinho para cortar a garganta. Exatamente quando está prestes a fazer isso, claro, a tesoura desaparece. Ele se senta no cubo maior para refletir a respeito disso tudo, mas isso também se mostra um erro: o cubo é puxado de baixo dele e levado para as bambolinas.

Agora, tirando a árvore, ele está sozinho. Tendo caído no chão quando o cubo foi removido, dessa vez não faz nenhum esforço, mas simplesmente fica ali, com o rosto virado para a plateia. A garrafa é abaixada de novo, e o apito tenta provocá-lo a olhar para ela, mas dessa vez ele a ignora. A garrafa se sacode e se move na frente do seu rosto, entretanto ainda assim ele não dá bola, e ela é removida. O galho da árvore retorna à posição horizontal, e a fronde da palmeira abre-se para que a sombra volte, mas quando o apito tenta seduzi-lo a mover-se para lá, ele fica onde está. Finalmente a árvore é removida e ele é deixado inteiramente só, olhando suas mãos. O que pensa enquanto olha para elas não temos como saber. Pode ser algo do tipo "O que posso fazer numa situação dessas?", ou poderia ser

"Agora tenho de contar comigo mesmo." Também pode ser um pouco das duas coisas. De todo modo, ele entendeu sua situação. Ele vê que não pode contar com nada fora dele mesmo, e está determinado a não se deixar seduzir e esquecer isso.

Ato sem Palavras II (1959) explora a dimensão interna do homem. Se o homem não pode contar com nada fora dele mesmo, existirá alguma coisa dentro dele que possa ser mais digna de sua esperança e de sua confiança? O que *Ato sem Palavras II* tem a dizer a respeito disso é que o homem é impelido por uma força compulsiva que nunca o deixará retirar-se por muito tempo na inação. Essa ideia foi apresentada anteriormente em minuciosos detalhes na trilogia.[4] Aqui ela é apresentada de maneira simples nos padrões de vida de dois homens, A e B. Assim como Vladimir e Estragon, A e B são dois tipos muito diferentes que, considerados em conjunto, apresentam um retrato complexo do homem. A é "lento, esquisito" e "ausente". Ao contrário de B, rápido, eficiente, ele tem pouco interesse neste mundo, preferindo colocar suas esperanças em outro, como indicado por sua prece no começo e no final de suas sequências. A ação começa com a chegada de um aguilhão, que representa a compulsão interna do homem à atividade. O aguilhão vai até o saco em que A dorme e o cutuca para acordá-lo. A relutância de A em começar sua rotina diária é sugerida pelo fato de que o aguilhão tem de cutucar duas vezes para despertá-lo.

O dia de A não é longo, nem cheio de entusiasmo. Ele rasteja para fora do seu saco, matuta, reza, para para pensar e assim por diante, detendo-se após cada atividade para pensar alguns momentos antes de passar à seguinte. Ele coloca as roupas que divide com B e que B claramente arrumou com muito cuidado, já que elas estão dobradas numa pilha perfeita ao lado do saco de B. Ele começa a comer um pedaço de cenoura, mas cospe enojado, e depois leva os sacos dele e de B para o meio do palco, pensa, tira as roupas e as deixa cair

---

[4] Ver Eugene Webb, *Beckett: Novels*, em "Compulsions, Theme of", no índice, p. 186.

amontoando-as desordenadamente, pensa, reza e finalmente rasteja de volta para seu saco. Está claro que levar os sacos para uma nova posição é a tarefa que lhe cabe e, uma vez que ele fez isso, já pode voltar a dormir.

O aguilhão retorna, e dessa vez cutuca B para acordá-lo. B só demanda uma cutucada e tem muito mais entusiasmo por seu dia do que A. Tudo que ele faz, faz vigorosamente. Se A parava para pensar entre as atividades, B olha o relógio, onze vezes ao todo, ou então sua bússola ou seu mapa. Está claro que ele é o tipo que gosta de se orientar precisamente no espaço e no tempo. Ele se veste com rapidez e cuidado. "Mastiga e engole com apetite" seu pedaço de cenoura. Ele não se dá o trabalho de rezar; é claro que acha que este mundo o absorve o bastante e tem confiança em sua capacidade de lidar com ele. Após cumprir seu próprio dever levando os sacos a um lado mais distante do palco, tira as roupas que A deixou numa pilha desarrumada e as dobra perfeitamente de novo, dá corda no relógio e rasteja de volta para o saco.

O aguilhão retorna, vai até o saco de A e cutuca. Não há resposta. Após outra cutucada o saco começa a se mover e A rasteja para fora, para, pensa e reza. A rotina vai começar de novo. A impressão que nos fica é e a de que esse ciclo de despertar, agir e tornar a descansar tem se repetido desde o início dos tempos e que vai continuar para sempre, se não com as pessoas A e B, então com aquelas que vão substituí-las e ser substancialmente idênticas a elas. O mundo em que o homem é jogado pode ser absurdo, e o progresso em cujo nome o homem trabalha pode ser tão sem sentido quanto a mudança indefinidamente repetida das posições dos sacos, mas ele não tem escolha quanto a viver nisso e para isso. As condições que o governam, tanto interiores quanto exteriores, asseguram isso.

CAPÍTULO VIII.
DIAS FELIZES

Ato sem Palavras II representou o homem como alguém governado por compulsões além do seu controle. A questão de ele ser ou não capaz de libertar-se delas e de dirigir o curso de suas energias de modo autônomo não foi levantada. Os personagens foram representados de maneira muito simples desde o exterior; nós apenas vimos que, quando o aguilhão os colocava em movimento, eles se moviam. A peça seguinte de Beckett, *Dias Felizes*, leva muito adiante a exploração desse aspecto da vida do homem, mostrando o que acontece dentro da mente de uma pessoa sujeita a um controle compulsivo dessa espécie.[1] E, ainda que ela não ofereça uma resposta, levanta a importante questão não levantada pela pantomima.

A situação básica, mais uma vez, é a de uma pessoa jogada numa condição com limitações frustrantes, e com a escolha de enfrentá-la direta e claramente ou de fugir dela. O personagem central nesse caso é Winnie, uma mulher plenamente desenvolvida, loura, de cerca de cinquenta anos, enterrada até acima da cintura no centro de um montículo. Como Willie, marido dela, raramente fala ou aparece, ele é amplamente secundário na peça, e está presente antes de tudo como objeto de relacionamento para Winnie. Tudo que se vê da terra está coberto por grama seca. No painel de fundo, uma pura planície e um céu limpo recuam até encontrar-se na distância. O desenho do cenário, com seu "máximo de simplicidade e simetria" (p. 7), leva nossos olhos para Winnie, nosso centro de atenção. O fato de que ela está enterrada na terra é um símbolo tanto da maneira como o absurdo se aproxima dela à medida que a morte vai chegando, fazendo com que

---

[1] Nova York, Grove Press, 1961. As referências de páginas são dadas entre parênteses.

seja cada vez mais difícil para ela encontrar coisas que a distraiam dela mesma, e também da maneira como ela entregou sua liberdade a objetos fora dela, enterrando-se naquilo que não é ela mesma. Que o montículo não foi algo imposto a ela pela vida, mas algo escolhido por a ela a si mesma, fica claro pela referência a seu sentimento de ter de "agarrar-se a ele" (p. 34) para não sair flutuando para fora.

A ação começa quando um sino agudo toca para acordá-la. O sino tem a mesma dificuldade para despertá-la que o aguilhão tinha com A; ele tem de tocar duas vezes, primeiro por dez segundos, depois por cinco, até finalmente fazer-se sentir por ela. Claro que ela preferiria continuar dormindo – de fato, um pouco depois ela diz que a capacidade de Willie para dormir a maior parte do tempo é um "dom formidável" (p. 10) e que ela adoraria possuí-lo – mas, mesmo assim, quando finalmente acorda, seu primeiro esforço é tomar coragem e olhar com alegria para a vida: "Mais um dia celestial" (p. 8). Seu ato seguinte é rezar da maneira tradicional – "Por Jesus Cristo, Amém" – antes de ordenar a si própria que "comece" seu "dia".

É significativo o fato de Winnie querer fazer de sua experiência um "dia". O homem não consegue viver sem ordem, e num mundo sem esquema temporal ele vai impor um padrão feito por ele mesmo. Não existem mais dias, e nos momentos em que ela não está se ocupando de criá-los, ela sabe disso. "O estilo antigo", diz num dado momento, quando vê a etiqueta em seu vidro de remédio, que lhe manda tomar seis colheres rasas "diariamente" (p. 13). "O dia todo" no mundo em que ela vive agora significa apenas "entre o sino para acordar e o sino para dormir" (p. 21), mas gosta do "estilo antigo", assim como Hamm gostava das "velhas questões" e das "velhas respostas", e faz o que pode para preservar o máximo disso em sua vida "diária".

Ao estruturar seu dia, ela tenta dar a ele, como se fosse um enredo aristotélico, um começo, um meio e um fim. É preciso que haja uma hora para escovar os dentes, que vem no começo, para revirar suas coisas, para cantar sua canção, que deveria vir perto do final, e, por fim, para voltar a dormir quando o sino toca. O problema, é claro, é que, por nunca saber quando o sino vai tocar para marcar o fim, ela nunca consegue ter certeza de que o meio está adequadamente disposto: "Cantar cedo demais é fatal, sempre vejo isso... Por outro lado há o risco de cantar tarde demais... Toca o sino para dormir e não cantei" (p. 56). Ansiedades desse tipo são como uma bênção para ela, contudo; elas a distraem da situação tal como verdadeiramente é: um caos informe no qual só é possível encaixar padrões por meio do autoengano.

Outra importante distração, e também uma profunda compulsão, está na necessidade que ela tem de saber. O objeto do conhecimento não é importante; não precisa ser nada de particularmente significativo. Tudo que é necessário é a busca disso, para que a mente fique ocupada. Há, por exemplo, a escova de dentes. Quando termina de escovar os dentes, ela olha para o cabo da escova e tenta entender o que está escrito nele: "... genuíno... puro... o quê?". Ela limpa os óculos e tenta de novo, e depois tira da bolsa uma lupa e finalmente consegue decifrar o texto: "Garantia total... Pura e genuína... cerda... de cevado"(p. 17-18). Volta e meia, como nesse caso, essa busca pelo conhecimento coloca-a diante da lembrança do vazio e da esterilidade deste mundo em que "nada cresce" (p. 47). Nesse caso, perguntando a Willie qual a diferença entre um cevado e um porco, ela fica sabendo que um cevado é um "porco macho castrado (...) Criado para o abate" (p. 47). Contudo, ela consegue evitar pensar nas associações disso, no paralelo com sua própria situação e com a de Willie, transferindo sua atenção para o fato de que Willie finalmente falou com ela: "Ah, hoje é um dia feliz!". Outro objeto de curiosidade, com associações igualmente desagradáveis para ela, é uma foto pornográfica que Willie lhe mostra quando ela pergunta se pode vê-la. "Não, mas isso é pura e genuína imundície", ela exclama enquanto examina a foto detidamente. "Faz qualquer pessoa de boa índole querer vomitar" (p. 19). Depois pega sua lupa para olhar melhor: "O que é que essa criatura no fundo acha que está fazendo? (*Olha mais de perto.*) Ah, não, por favor!". Por fim, ela dá uma "longa última olhada" antes de devolvê-la com um "Bah... Tira isso daqui!". Não há fonte de curiosidade que seja banal demais ou repulsiva demais para derrotá-la. Ela está sempre grata por alguma coisa – se se deve chamar os cabelos de sua cabeça de "ele" ou "eles" (p. 22), como o pente e a escova voltaram para sua bolsa se ela não os colocou ali – que possa manter sua mente ocupada e afastada da natureza verdadeiramente desagradável de sua vida.

E quando essas distrações não funcionam, quando desanima e inveja o animal bruto, como ela diz, ela se volta para pensamentos de morte, seja a morte que virá, ela espera, com o fim do mundo – "o dia feliz que está por vir quando a carne vai derreter a muitos graus e a noite da lua tiver muitas centenas de horas" (p. 18) – ou o suicídio. Claro que, como se poderia esperar, os sentimentos dela são tão equivocados quanto os de qualquer outro personagem de Beckett. Isso fica claro a partir da reação dela ao seu revólver, no momento em que depara com ele ao vasculhar sua bolsa: ela o tira para fora, levanta-o, "beija-o rapidamente", e depois o guarda de volta (p. 13). Ela o chama por um apelido, "Brownie", e gosta de saber que ele está ali, mas a visão dele a deixa desconfortável. A morte é uma fantasia agradável enquanto permanece a uma certa distância, mas, quando chega perto demais, torna-se tão perturbadora quanto a própria realidade.

A mais importante das suas defesas é a fala. Como Vladimir e Estragon, ela fala para não ter de pensar, e aquilo que mais teme é a possibilidade de que chegue um tempo em que não consiga mais falar, ou porque as palavras vão fugir-lhe – "As palavras fogem, há momentos em que até elas fogem" (p. 24) – ou porque não haverá mais ninguém com quem falar. Se fossem apenas as palavras que lhe fugissem, ela ainda seria capaz de ocupar-se de suas posses, e por isso toma cuidado para não "exagerar com a bolsa" (p. 32), ou correrá o risco de exaurir seu interesse antes que chegue o tempo em que será realmente necessária. Mas se ela perdesse Willie e ficasse inteiramente sozinha, teria de enfrentar o vazio deixado nela pela ausência daquele outro cuja percepção dela serviu de base para que constituísse sua personalidade. A ideia de não ter mais um interlocutor a quem dirigir-se é para ela especialmente detestável: "Ah, sem dúvida chegará o tempo em que, antes de eu conseguir dizer uma só palavra vou ter de ter certeza de que você ouviu a que veio antes e depois sem dúvida virá outro tempo em que eu vou ter de aprender a falar comigo mesmo, coisa que nunca aguentei fazer nesse deserto" (p. 27). Como aquilo que Winnie sabe sobre seu ser é majoritariamente limitado àquilo que está refletido nos olhos dos outros, ficar privada desses olhos, ou ouvidos, seria para ela algo mais assustador do que a própria morte.

Às vezes ela sente necessidade de imaginar que existe algum outro observador além de Willie, talvez porque Willie a perceba principalmente por meio dos ouvidos, o que a deixa sem olhos com que completá-la: "Estranha sensação de que alguém está me olhando. Apareço, depois sumo, e então apareço de novo, e assim por diante, indo e voltando, dentro e fora do olho de alguém" (p. 40).

Em *Godot*, Vladimir tivera uma sensação similar no momento em que chegou a ficar face a face com a visão do tempo cíclico, e talvez seu sentimento tenha sido originado de uma necessidade similar de defesa contra a percepção plena da solidão nas profundezas no ser do homem: "Também para mim alguém está olhando, também de mim alguém está dizendo: Ele está dormindo, ele não sabe de nada, deixem-no dormir".[2] Ou talvez em ambos os casos há também a sensação de uma consciência cada vez maior de uma autopercepção potencial à medida que Winnie e Vladimir ficam vagamente conscientes de sua própria realidade. Se é assim, a consciência de Winnie é hesitante e obscura, e a de Vladimir envolve a escolha de não acordar, isto é, a escolha de continuar imaginando que ele está esperando um Godot que tem algum significado. Também é bastante possível que os dois sentidos estejam simultaneamente presentes em suas mentes. O homem de Beckett é antes de tudo complexo.

---

[2] *Waiting for Godot*, p. 582.

Se as insinuações de Winnie de que há olhos observando-a têm as duas implicações, fica de todo modo claro à qual ela decide dar atenção. Após ficar ansiosa com a possibilidade de cair no silêncio, e depois procurando em torno por algo para fazer e finalmente decidindo lixar as unhas, ela imagina uma história, ou recorda uma lembrança em que os olhos são confortavelmente colocados a distância, isto é, localizados fora dela, em outras pessoas: "Flutuam – nos meus pensamentos – um sr. Chuveiro – um sr. e talvez uma sra. Chuveiro – ou Cozinheiro – não importa – e a mulher (...) fica me olhando de boca aberta" (p. 41-42). E enquanto conta a história ela vai lixando as unhas, como se estivesse preocupada com a aparência que teria para as pessoas que imaginou: "Chuveiro – Chuveiro. (*Inspeciona as unhas lixadas.*) Assim está melhor. (...) Winnie, mantenha a aparência, é o que sempre digo, não importa o que aconteça, mantenha a aparência. (*Pausa. Volta a lixar as unhas.*) Sim – Chuveiro – Chuveiro" (p. 41).

Desse modo e de outros, a arte é uma das mais importantes defesas de Winnie. Assim como o narrador de *A Terra Devastada*, de T. S. Eliot, Winnie se vale de toda a tradição cultural do homem ocidental para buscar fragmentos que a protejam de suas ruínas. Na peça, suas falas estão salpicadas de citações certas e erradas de autores como Shakespeare, Milton, Herrick, Gray, Keats, Browning e, à medida que a peça segue, ela vai ficando cada vez mais apartada de qualquer coisa de valor real, de uma variedade de poetas cada vez menores.[3] Como ela diz perto do final, quando tem dificuldades de lembrar as palavras exatas de uma de suas etiquetas, "A gente esquece os nossos clássicos", e nesse caso o clássico são "aquelas linhas preciosas... Vai, me esqueça, porque algo sobre algo desenhará uma sombra..." (p. 57). Mas mesmo quando as etiquetas ainda estão fresquíssimas, ela não consegue eliminar delas os traços de desapontamento que

---

[3] Tenho uma dívida com Ruby Cohn por causa da identificação de diversas citações e alusões de Winnie. Para um estudo mais extensivo desse assunto, ver R. Cohn, *Samuel Beckett*, p. 253-59.

trazem consigo do mundo em que crescem, como na primeira que ela apresenta: "triste, triste sou eu... ver o que vejo" (p. 10), uma lembrança vagamente distorcida das palavras de Ofélia ao deixar Hamlet após ter tido de testemunhar sua loucura fingida (*Hamlet*, Ato 3, cena 1). Ou como ao dizer "Ah, alegrias transitórias... ah, sei lá tristeza duradoura" (p. 14), uma versão de "Ah, alegrias transitórias / do Paraíso, compradas caro com tristezas duradouras!", de Milton (*Paraíso Perdido*, livro 10, versos 741-42).

Nem a música satisfaz completamente enquanto fuga. A música efetivamente a alegra um pouco quando ela consegue aproveitá-la, ou ao menos parece que sim, já que sorri naquelas ocasiões em que ouve, cantarola ou canta a "Valsa da Viúva Alegre", mas a alegria que vem dura pouco, deixando-a recair na realidade ordinária assim que termina e a memória dela desaparece. É por isso que fala da "tristeza pós-canção" a Willie perto do final. "A tristeza depois da relação sexual é coisa conhecida", diz ela, afinal foi Aristóteles quem observou isso, mas a tristeza após a canção é algo que a vida a obriga a reconhecer. Talvez a razão de a música ser, dentre todas as fugas que ela possui, aquela que parece ter mais sucesso, ainda que só por um instante, ao permitir que ela esqueça a infelicidade, é porque ela é um padrão puramente artificial – não uma tentativa de impor um padrão a uma realidade sem padrão, mas uma genuína fuga para um mundo imaginário em que não há necessidade de enganar-se para acreditar que a imaginação e a realidade são a mesma coisa. Na realidade ordinária, Winnie tem de lutar contra a teimosa insistência do real para poder fazê-lo caber na camisa de força do sentido. Isso produz aquela ansiedade que Watt sentiu quando percebeu que não conseguia mais fazer seu conceito de "pote" caber nos potes do sr. Knott. Quando a arte pode escapar do sentido, algo que a música faz com mais sucesso do que a literatura, ela consegue ter sucesso em esquivar-se do assunto.

Mas não por muito tempo. Música nenhuma pode alterar ou obscurecer permanentemente a realidade inescapável da situação de

Winnie: enterrada na terra queimada, no sol incandescente que nunca se põe, acordando e dormindo segundo o comando de uma força que a manipula como uma marionete. Em tudo isso ela insiste em sua tentativa de desviar o rosto, afirmando o tempo inteiro contra todos os obstáculos que "hoje é um dia feliz, hoje terá sido outro dia feliz!" (p. 64). Não é. A realidade que ela não vai olhar é que hoje não é nem "feliz", nem um "dia".

Será que essa recusa inabalável de Winnie em enfrentar a realidade significa, então, que a história dela é puramente estática, que ela não passa por nenhuma espécie de crescimento durante a peça? De jeito nenhum. A vida dela a traz mais para perto da visão que ela tenta evitar mesmo que o faça contra sua vontade. A realidade a acossa, tanto exterior quanto interiormente. Ainda que ela não lhe chegue durante a peça, podemos ver em que direção as coisas vão.

O padrão de seu conflito com a realidade que a acossa pode ser visto muito claramente no episódio do guarda-sol. Ela levanta o guarda-sol para proteger-se do calor e da luz do sol, no mesmo momento em que afirma a ilusão do "dia feliz" contra a visão ameaçadora que destruiria "o doce estilo velho" (p. 22) dos conceitos tradicionais. Então, num dado momento, exatamente quando ela está expressando gratidão a seu Deus imaginado pelas "grandes mercês" (p. 37), o guarda-sol começa a pegar fogo: aconteceu algo que é absurdo, isto é, aconteceu algo que não pode mais ser explicado pelo "doce velho estilo" das leis naturais em que todo acontecimento está ligado a todo outro acontecimento numa sequência confortadoramente arrumada. O absurdo está lá, na frente dela, e ameaça romper suas defesas. Sua reação imediata é voltar-se para as defesas e tentar fortificá-las: "Presumo que isso tenha acontecido antes, ainda que eu não consiga recordar... Você consegue, Willie?". Ela tenta manter a fachada racional que impôs ao universo assimilando esse acontecimento extraordinário ao padrão do ordinário, e como para ela isso não é fácil de fazer sozinha, tenta obter ajuda de Willie. Como de hábito, ele não é de grande ajuda. Ele sinaliza sua presença, mas não faz nada para confirmá-la em sua tentativa de reduzir o inexplicável a uma explicação. Por conseguinte, ela precisa continuar por si própria; ela tem de admitir que isso nunca aconteceu antes, mas ainda tenta explicar isso em termos que farão com que isso não pareça tão surpreendente: "Como o Sol brilha cada vez mais feroz, mais feroz a cada hora, não seria natural que as coisas pegassem fogo, mesmo aquelas que jamais pegaram, desse modo, quer dizer, tipo espontâneo" (p. 38). Dessa ideia ela passa a outras a respeito da inevitável chegada de sua própria morte pelo mesmo processo natural, a respeito de seu enterro gradual no montículo, e daí por diante, tentando ocasionalmente extrair ou imaginar uma resposta de Willie. Isso a leva, porém, a outras dificuldades. O montículo, afinal, é tão misterioso quanto a inflamação do guarda-sol, e esse processo de pensamento a traz de volta ao fato inevitável de que muitas coisas em seu mundo são irredutivelmente misteriosas:

> Sim, algo parece ter ocorrido, algo parece que aconteceu, e nada aconteceu, absolutamente nada, você tem toda razão, Willie... O guarda-sol vai estar aí de novo amanhã, do meu lado no montículo, para me ajudar a passar o dia. (*Pausa. Ela levanta um espelho.*) Eu levanto esse espelhinho, eu o estilhaço com uma pedra – (*faz isso*) – eu o jogo fora... ele vai estar na bolsa amanhã de novo, sem um arranhão, para me ajudar a passar o dia... Não, não é possível fazer nada... É isso que eu acho tão maravilhoso, o jeito como as coisas... (*a voz balbucia, a cabeça abaixa*) ... as coisas ... tão maravilhosas. (p. 39)

Balbuciando aqui, ela é quase impelida a olhar diretamente o absurdo. Isto é, quase, mas não exatamente. O que acontece depois é que ela fica remexendo ansiosamente a bolsa, até que tira dela a caixinha de música, e por esse meio escapa para a arte.

Porém, não é esse o fim do efeito desse episódio. A relutante percepção dela de que na inflamação do guarda-sol ocorreu um algo que era nada fica lá no fundo, e parece dar alguma contribuição para a história do sr. e da sra. Chuveiro – ou Cozinheiro –, que ela menciona logo depois. A seu modo, essa história é muito mais do que a fuga para a memória ou para a fantasia que ela quer que seja, sendo também uma espécie de comentário feito por um nível mais profundo de sua própria mente sobre o verdadeiro significado do incidente do guarda-sol. Assim como o homem e a mulher ficam olhando Winnie "de boca aberta" na história, o homem pergunta o que Winnie está fazendo ali: "O que ela está fazendo?, diz ele – Qual a ideia?, diz ele – enfiada até os mamilos no maldito chão – sujeitinho rude – O que significa?, diz ele – O que é que isso deve significar? – e daí por diante – um monte de coisas assim – as bobagens de sempre" (p. 42-43). As perguntas do homem são, é claro, exatamente aquelas que Winnie faz para si mesma a respeito de tudo em sua vida; o homem precisa encontrar sentido, havendo realidade ou não, e Winnie e o homem em sua história partilham dessa necessidade. A resposta da mulher, por outro lado, põe em palavras outro aspecto da atitude de Winnie em relação a seu mundo, a percepção que nela fica cada vez mais forte de que o sentido e a realidade não têm qualquer relação: "E você, diz ela, qual a ideia de você, o que é que você deve significar? É porque você está sobre os seus pés chatos, com sua velha bolsa cheia de porcaria enlatada e cuecas velhas...". É por causa disso, como ela quer dizer, porque ele ainda está firmemente plantado na vida convencional que o protege da ausência de sentido que ele consegue achar que essas perguntas que ele está fazendo têm respostas. O fato de Winnie recordar ou inventar essa história reflete uma consciência cada vez maior, ainda que fortemente resistida, de que é absurdo perguntar o que o absurdo deve significar.

O Ato II leva esse processo de crescimento ainda mais longe, mesmo que não a seu termo. Se Winnie abriu e fechou o primeiro ato com preces convencionais e tentou convencer-se de que elas efetivamente trariam alívio a seus infortúnios – "preces talvez não para nada", diz ela num determinado momento em que pensa em como às vezes suas dores de cabeça desaparecem (p. 12) –, o segundo ato começa sem qualquer prece peticionária, apenas com "*Hail, Holy Light*" ["Salve, Luz Santa"]⁴ e uma tentativa de crer que "alguém ainda vela por mim" (p. 49). Claro que o "alguém" ainda é o Deus do "doce estilo velho", e a saudação à "luz santa" é uma citação à invocação de Milton à luz incriada de Deus, mas o fato de que ela não está explicitamente rezando para que algo lhe seja dado parece sugerir que ela tenha passado a confiar mais em si mesma. "Eu costumava rezar", diz, "Digo que costumava rezar... Sim, preciso confessar que eu rezava. *(Sorri.)* Não mais" (p. 50).

Ela sorri ao dizer isso porque provavelmente sente algum grau de libertação por conseguir levar a vida sem rezar. Seu sorriso, porém, não dura; a liberdade pode ter seu lado agradável, mas também é bastante assustadora. Ela para e reflete que, se isso indica uma mudança nela, não está claro de que tipo de mudança se trata, e talvez isso leve a mais mudança do que ela deseja: "Antes... agora... quantas dificuldades aqui, para a mente. *(Pausa.)* Ter sempre sido o que sou – e estar tão mudada do que eu era" (p. 50-51). Ela então simultaneamente introduz e evita a ideia de que talvez algo esteja acontecendo nela que poderia acabar levando a um rompimento radical com seu passado: "Flutuam olhos, que parecem fechar-se em paz... ver... em paz. *(Pausa.)* Não os meus. *(Sorri.)* Não agora." Os olhos que ela sente flutuar dentro de si pareceriam os olhos de uma nova visão, que lhe permitiria enxergar a realidade de seu mundo sem que sua falta de sentido lhe provocasse ansiedade. Ela não os quer ainda, porém: o "velho estilo" ainda lhe é precioso demais. Ela abandona esses pensamentos e volta ao velho jogo de perguntas e respostas, à preocupação com sua aparência, e com a última de suas posses, a arma. Mesmo essa fuga do que acontece, porém, leva-a inescapavelmente de volta ao fulcro da questão. Ao pensar em suas coisas, ela é forçada

---

⁴ Hino composto a partir dos 55 primeiros versos do terceiro canto do *Paraíso Perdido*, de John Milton. (N. T.)

a encarar por um momento o fato de que, assim como todo o resto da realidade, elas não lhe pertencem: elas tão somente são o que são. Posse é um sentido artificial imposto a uma realidade indiferente pela imaginação do homem: "São as coisas, Willie. (...) Na bolsa, fora da bolsa. (...) Ah, sim, as coisas têm a vida delas, é o que eu sempre digo, as *coisas* têm vida. (...) Meu espelho, por exemplo, não precisa de mim" (p. 54). As coisas têm vida própria; não precisam dela, nem de ninguém. Claro que não é isso que ela "sempre" diz – exatamente o contrário – mas esse pensamento, como tantos outros, parece-lhe mais confortável quando ela consegue amenizar sua novidade convencendo-se de que ele não é desconhecido.

Esses pensamentos, por sua vez, levam a reflexões sobre o papel do sino em sua vida, levantando a questão da possibilidade de autonomia:

> O sino. ... Dói como uma faca. ... Um cinzel. ... Não dá para ignorá-lo. ... Quantas vezes. ... Quer dizer, quantas vezes falei, Ignore-o, Winnie, ignore o sino, nada de dar-lhe atenção, só durma e acorde, durma e acorde, quando você quiser, abra e feche os olhos quando você quiser. ... Mas não. (*Sorri.*) Agora não. (*Abre o sorriso.*) Não, não.

Talvez a nova vida que viria da nova visão que parece estar crescendo nela envolveria tanto livrar-se da necessidade de impor padrões artificiais sobre uma realidade em que eles não se encaixam e a liberdade de dirigir seus próprios atos com sua própria vontade, sem submeter-se à autoridade do sino, nem à do Deus que ela imagina ou à das posses que na verdade possuem-na. Porém, isso não é algo que ela consiga aceitar. A liberdade não é para ela mais suportável do que a ausência de sentido.

Ela foge para uma história. Mais uma vez, essa fuga não é mais satisfatória do que as outras. Todos os caminhos levam ao mesmo lugar: a derrota. Nesse caso, a história é uma projeção mal disfarçada de sua própria vida na ficção. Fala de uma menininha chamada Mildred ou Millie que tem uma boneca com "olhos azuis de porcelana que abrem e fecham" (p. 55), como os de Winnie, e uma "gargantilha de pérolas", como aquela que Winnie usa. Millie decide "tirar a roupa de Dolly" do mesmo jeito que o novo eu em Winnie, representado pelos olhos flutuando para cima desde suas profundezas, está tirando a roupa de Winnie ao tirar dela todas as ideias convencionais que a protegem do contato nu com a dura luz da realidade. Depois, subitamente aparece um rato na história, perturbando Winnie o suficiente para que ela pare a história um pouco. Claro que o rato é para ela um símbolo do elemento destrutivo que ela sente ameaçá-la no processo de mudança por que passa. Quando mais tarde ela volta à história, ela descreve o rato subindo a "pequena coxa" de Millie (p. 59). E assim que a menininha começa a gritar na história, Winnie solta ela mesma um "súbito grito lancinante", uma indicação do quão intimamente ela se identifica com sua protagonista. Quando os pais chegam, diz ela, é "tarde demais". Claro que Winnie sente a mesma coisa em relação a si própria: que o desnudamento que está acontecendo nela levará à destruição não apenas de sua identidade superficial, o eu que vive nas ideias convencionais e nos olhos dos outros, mas também do eu mais profundo interior. Ela não consegue acreditar que a perda de todos os seus padrões normais de pensamento e de comportamento não destruirá também seu próprio ser.

Ao fim, ela foge como sempre para aquilo que julga ser o chão mais firme de sua fortaleza de ilusões, para o velho sonho de seu "dia feliz". Não parece provável, porém, que essa fortaleza consiga resistir indefinidamente. Os sinais de mudança são grandes demais. É difícil dizer qual o sentido exato de Willie aparecer, pela primeira vez, inteiramente arrumado, de cartola e luva branca, e tenta sem sucesso rastejar montículo acima para alcançá-la. O traje sugere que a ocasião é de alguma solenidade, talvez a morte, mas não fica claro que espécie de morte. Winnie entende isso como pode, um sinal de que este "terá sido afinal um dia feliz, outro dia feliz" (p. 62), e quando Willie arfa seu nome, ela se alegra e faz disso outra ocasião para fugir para a música. Já conhecemos a tristeza que vem depois da música, porém, e sabemos como é frágil a ilusão do "dia feliz". Tudo que podemos saber com certeza sobre esse final é que Winnie não encontrará nele o sentido que espera. Pareceria mais provável que o processo de mudança que vimos realizando-se nela vá levá-la a um fim que ela não consegue imaginar e até o qual não podemos segui-la.

CAPÍTULO IX.
LETRA E MÚSICA

Letra e Música (1962), uma peça para o rádio, é uma alegoria da arte enquanto processo de exploração imaginativa.[1] O que ela explora é a situação do artista em relação a sua vida; isto é, ela tenta corporificar em forma artística, numa fusão de emoção e pensamento racional, uma visão adequada da realidade do artista. Isto, claro, é aquela mesma visão que vinha tão opressivamente para Winnie em *Dias Felizes* e que ela tentava evitar com tanta ansiedade. Nesse caso, porém, a visão não fica oprimindo o personagem central, antes parecendo difícil de ser atingida; por conseguinte, ela não parece tanto uma ameaça, e sim um bem pelo qual se deve lutar. Nos personagens de Beckett, de modo geral, há uma ambivalência fundamental em relação à realidade, e também em relação à morte e à vida. Quando a vida parece demais para eles, anseiam pela morte e, quando a morte chega perto demais, recuam horrorizados. Igualmente, uma sede de ser os atrai para a visão do real quando ela parece remota, e um medo da solitária individualidade da existência concreta fá-los fugir da realidade sempre que ela parece definida demais. Para o artista em *Letra e Música*, a realidade ainda tem apelo, talvez porque ele não esteja sendo forçado a enfrentá-la diretamente, mas pode buscá-la indiretamente no meio distanciador da ficção. O objetivo, porém, é o mesmo que alternadamente oprimia e atiçava os personagens anteriores das peças de Beckett: a verdade de sua vida.

A peça retrata dramaticamente a criação dessa visão. Três forças estão envolvidas: Croak, Letra e Música. Croak é o nome que a

---

[1] O texto aparece em Samuel Beckett, *Cascando and other Short Dramatic Pieces*. Nova York, Grove Press, 1968. As referências de páginas vêm entre parênteses.

didascália relativa ao diálogo dá ao eu consciente do artista. É ele quem põe as demais forças em movimento com suas ordens e observa-as criticamente enquanto elas trabalham, mantendo-as em curso, chamando-as de volta quando desviam-se, ou calando uma ou outra quando há um impasse ou quando é preciso refletir antes de prosseguir. Música, além de representar a arte da música simplesmente, também simboliza o elemento de sentimento não racional que entra no processo de criação e serve, sob vários aspectos, como um guia mais seguro, ainda que menos articulado do que a razão, para a realidade pessoal da vida individual. Letra corresponde ao elemento articulado e racional do processo – e da natureza humana de modo geral –, que tem mais dificuldade do que Música para adentrar as áreas que o artista deseja explorar, mas que é, de todo modo, necessária para que a experiência da realidade seja expressada objetivamente e com toda a clareza. Evidente que fazer uma distinção precisa demais entre o pensamento e o sentimento equivaleria a uma simplificação excessiva; de fato, não existe pensamento sem alguma dose de sentimento associada, nem existe sentimento que não envolva algum conteúdo cognitivo. Nesse caso, porém, as duas coisas tendem, do ponto de vista de Croak, a ser separadas e parciais demais, e o que ele deseja é juntá-las numa unidade que será não apenas completude de ambas, mas também a dele.

A peça começa com Letra e Música a sós no escuro. Sem Croak eles podem continuar a existir, mas somente como sombras. Eles têm uma espécie de vida própria latente no inconsciente do artista, mas sem sua direção consciente suas energias permanecem descoordenadas: Letra consegue ruminar velhas ideias, e Música pode afinar-se, porém nenhum dos dois pode ir adiante por si. Assim, no início da peça, antes de Croak chegar para começar a composição da noite, ouvimos Letra tentando calar Música – "Por favor! (*O afinamento se esvai.*) Quanto tempo mais vamos ficar engaiolados aqui, no escuro? (*Com ódio.*) Com você!" (p. 23) – para que possa retomar suas próprias atividades, uma ruminação um tanto mecânica sobre a preguiça.

O fato de que essa sua meditação é "resmungada" em voz baixa como se ele estivesse recitando deixa claro que não se trata de pensamento original, e sim de uma ponderação sobre material há muito conhecido. O que ele diz sobre a preguiça é de fato uma descrição bem padrão, o tipo de análise de que as tradições da filosofia moral estão repletas. Por si próprio, o pensamento não tem interesse em explorar novos territórios, preferindo ocupar-se de velhos e confortáveis clichês.

Croak entra, arrastando os passos, para acabar com isso e para convocar Letra e Música para atividades reais. Ele os trata por nomes – Joe é Letra, Bob é Música – como se quisesse enfatizar que, mesmo sendo ele que lhes chama a atenção e dirige suas energias, e ainda que eles sejam parte do seu eu maior, eles têm um certo grau de independência dele: ele não consegue ir adiante sem sua cooperação, assim como eles não conseguem sem a dele. "Meus consolos!", diz ele, "Sejam amigos!". Isso é simultaneamente uma ordem para que trabalhem em harmonia entre si e uma espécie de invocação, pedindo que eles, suas musas, sejam seus amigos. Ele então lhes pede perdão pelo atraso, murmurando frases cortadas que sugerem que ele foi detido nas escadas pela visão de um rosto. É essa preocupação com um rosto que estabelece o tema da sessão daquela noite: o amor.

Croak manda Letra começar, e quando Letra hesita – o tema claramente não tem para ele um apelo particular – Croak reforça sua ordem batendo com seu taco no chão. Com voz "pomposa", como se fosse começar uma declamação formal, Letra simplesmente repete a fórmula que usara antes para descrever a preguiça, cometendo até mesmo o deslize de usar de novo aquela palavra e tendo de parar e corrigir-se: "De todos esses movimentos nesse caso e quem poderá contá-los e eles são legião a preguiça é o AMOR é o mais urgente e de fato..." (p. 24). Os gemidos de Croak durante essa recitação mostram o quanto ele considera essas fórmulas insatisfatórias. Por fim, ele cala Letra com uma violenta batida de seu taco e manda Música expressar musicalmente o tema do amor. Música faz uma tentativa nesse sentido, sufocando os protestos de Letra, que provavelmente não apenas quer os holofotes para si, mas também desconfia do tipo de conhecimento não discursivo representado por Música. Claro que Música é mais capaz de adentrar esse novo território do que Letra.

Mesmo assim, por mais difícil que seja, a articulação verbal também é necessária e, portanto, Croak volta para Letra, tentando conquistá-lo – "Joe, querido" (p. 25) – e tenta convencê-lo a ir adiante. Isso coloca Letra numa posição difícil, já que ele chegou ao final da fórmula preparada e agora terá de pensar de modo genuinamente original. Em busca de uma dica, Letra pergunta se o que seu Senhor tem em mente é o amor por uma mulher. O "Enfim!" de Croak indica que esse chute está correto e que o assunto vai envolver uma dolorosa perscrutação das profundezas do caráter e da experiência do artista.

Letra tem alguma dificuldade em usar a dica, porém. Como um filósofo analítico diante de um aspecto da experiência cuja compreensão exige uma certa dose de imaginação e aventura, e relutando em saltar para essa área desconhecida em que as placas dos clichês não mais indicam o caminho, ele se volta para um exame da linguagem: "(*Muito retórico.*) Será amor a palavra certa?... Será alma a palavra certa?... Será que queremos dizer amor quando falamos amor?... Alma, quando falamos alma?" (p. 25).

Angustiado com o mau desempenho de Letra, Croak mais uma vez se volta para Música, que oferece "Música de amor e de alma" contra as divagações de Letra. Música está bastante disposto a mergulhar de cabeça em áreas além do terreno em que o pensamento conceitual consegue operar confortavelmente, e nesse caso ele é até mesmo capaz de dar uma expressão bastante adequada, mesmo que unilateral, da realidade em cujo sentido o artista se esforça. Entretanto, a música sozinha não basta para a objetivação em clareza plena e consciente de uma experiência humana; palavras são necessárias, e o artista precisa voltar-se novamente para elas.

Numa tentativa de dar a Letra algumas pistas que ele vai conseguir seguir com mais facilidade, Croak sugere "Meus bálsamos!" e "Idade." A experiência a ser descrita no trabalho daquela noite é a do amor contemplado na velhice por um homem cuja solidão só hoje é aliviada por alguns bálsamos, os quais, à medida que a história se desenrola, revelam-se uma cama aquecida por uma panela de aquecer e um trago sonífero de ponche, em vez de araruta, mudança feita em nome da adequação ao ritmo do que será a canção final.

O processo de composição é laborioso. Letra e Música têm de experimentar diversos arranjos musicais enquanto a sequência verbal é trabalhada, e Croak muitas vezes fica impaciente com eles, chamando-os de "Cães!" e exortando-os a se esforçarem mais. O amor que é descrito não ganha uma circunstância específica, nem é uma abstração descarnada; antes, é a essência de um amor concreto que deu errado. Enquanto o protagonista do poema senta perto da lareira esperando pela "bruxa" (p. 27), obviamente uma senhora de idade que cuida dele, para aquecer a cama com a panela e trazer-lhe seu trago sonífero, ele olha as cinzas e vê, surgindo delas, de sua memória ou de sua imaginação, uma mulher "que amava não podia ser... conquistada ou... ou conquistada não amada... ou alguma outra dificuldade". Se o amor que ela representa foi perdido por uma incapacidade pessoal ou por causa das circunstâncias não é o que interessa; o que interessa é que o amor não é mais uma possibilidade e agora, na velhice, o protagonista percebe sua ausência como uma verdadeira perda. Assim como Krapp, o homem na obra sendo criada aqui é uma pessoa que sente estar prestes a abandonar a vida sem ter-se beneficiado das oportunidades que a vida um dia pareceu oferecer-lhe. Ele não tem uma ideia muito precisa do que é essa coisa que ele perdeu, nem sabe se a perda foi por culpa própria ou se aconteceu por causa das circunstâncias ou da natureza das coisas. Ele não sabe porque o artista, de quem ele é a máscara ficcional, não sabe. Há apenas a sensação provisória, tateante, de que algo se perdeu e de que esse algo pode ter tido alguma conexão com uma potencial relação com a mulher que agora aparece em sua consciência.

A essa altura Letra se cala. Apesar de algumas breves sugestões de Música, Letra, no momento, não consegue ir adiante. Em vez disso, os dois recapitulam juntos o que foi composto até agora, quatorze versos da música:

> A idade é quando um homem
> Largado perto da lareira
> Tremendo porque a bruxa
> Não põe a panela na cama
> Nem traz o ponche
> Ela vem nas cinzas
> Que amava não podia ser conquistada
> Ou conquistada não amada
> Ou alguma outra dificuldade
> Vem nas cinzas
> Como naquela velha luz
> O rosto nas cinzas
> A velha luz de estrelas
> De novo na terra. (p. 28)

Isso é seguido por um longo silêncio, finalmente rompido pelo murmúrio de Croak: "O rosto... O rosto... O rosto... O rosto".

Com Música à frente nessa nova área, Letra começa a criar a imagem de um rosto de "beleza... deveras penetrante", agora "um pouco... desbotada" (p. 29), o rosto de uma mulher de olhos fechados, "sobrancelhas franzidas e unidas sugerindo dor, mas apenas concentração é mais provável... em algum consumado processo interior" (p. 30), talvez o coito, como sugerido pelo "grande levantar e cair dos seios". Quando o rosto toma a forma dos detalhes da descrição, Croak grita angustiado: "Lily!" A paixão com que isso irrompe dele deixa claro que a composição daquela noite não é apenas uma ficção, mas uma recriação ficcional de algum elemento da vida do artista, altamente carregado de emoção para ele. Letra continua sem muita dificuldade, obviamente impelido pela força emocional associada a essa imagem. Ele faz a descrição dos lábios da mulher, um contra o outro, a palidez do seu rosto, o subir e descer de seus seios, expressados musicalmente por um "irreprimível irromper de música que se espalha e se retrai", até o clímax da sequência com a abertura dos olhos dela.

A seção seguinte descreve uma penetração pelos olhos, como aquela que Krapp buscava nos olhos da garota no barco, até as profundezas do ser da mulher. Na vida real, se isso é uma lembrança, essa penetração jamais aconteceu, mas agora, em retrospecto, o protagonista a vê como algo que poderia ter contido a chave daquilo que a vida poderia ter sido. O poema descreve uma descida "pelo lixo" (p. 31), isto é, por todos os fenômenos superficiais da condição humana, a carne, os sentidos, a vontade, o pensamento, até as profundezas de sua realidade numinosa, uma região "toda em trevas" em que não há

> ... nenhum implorar
> Nenhum dar nenhuma palavra
> Nenhum sentido nenhuma necessidade

até o coração de sua vida,

> ... de onde um vislumbre
> Da origem da nascente.

O que isso significa? O significado é complexo e pode ser apenas parcialmente verdadeiro. Como todos os personagens de Beckett, tanto aqueles que fugiram da realidade quanto aqueles que a buscaram onde ela não pode ser encontrada, nos conceitos, no poder e nas posses, o velho no poema, a autorrepresentação do artista na arte, não chegou a viver de verdade, não atingiu a plenitude do ser, e agora, olhando para esse fracasso, muito depois de tarde demais para corrigi-lo, parece-lhe que talvez o caminho para ter chegado à "origem da nascente", à fonte do ser, teria sido por meio do coração de outra pessoa numa relação pessoal. Será que essa é uma suposição correta da parte dele? A questão é difícil, e a resposta dependeria em grande parte de certos elementos em seu caráter que não são revelados. Talvez numa genuína interpenetração emocional ele pudesse de fato encontrar o que estava buscando; ou, e isso é igualmente possível, ele poderia ter falhado nisso também, buscando a realidade em outra pessoa para evitar encontrá-la em si mesmo. Ele não tem como saber a resposta dessas perguntas, nem nós. Toda a investigação é uma suposição provisória dele e, a partir do que vemos dele, parece que até uma resposta positiva seria meramente teórica; a idade encerrou qualquer possibilidade de renovação efetiva. Tudo o que sobrou foi a visão da arte, hipotética e incompleta. Com a composição completa e a visão formulada, o artista sai arrastando o pé, deixando Letra e Música outra vez no escuro.

CAPÍTULO X.
CASCANDO

Cascando (1963), outra peça para rádio, é muito próxima, tanto na forma como no tema, a *Letra e Música*.[1] Novamente há um artista no controle de letra e música, dessa vez chamadas Voz e Música, e novamente o artista tenta encontrar, por meio da formulação artística de uma visão na qual a expressão verbal e musical, o pensamento e o sentimento, se fundissem, respondendo à questão mais profunda de sua existência: como ser. A diferença é que dessa vez o artista não está buscando a resposta de maneira meramente teórica e em referência a um passado a que se renunciou por ser considerado irredimível, nem há qualquer questão de ele tentar evitar o problema de sua existência pessoal encontrando a resposta em outra. Ele não sabe se vai alcançar ou não aquilo que procura, mas tem esperanças e está determinado a ir atrás do objetivo, quaisquer que sejam os obstáculos, interiores ou exteriores. Ainda que sua voz esteja "seca como pó" (p. 9), o artista afirma que está no mês de maio, "o reavivamento" (p. 15), e não só para a natureza ou para o homem em geral, mas para ele mesmo.

Cascando, o título, é uma palavra italiana que significa caindo, tropeçando, desabando em ruínas, desmoronando. Essa é a condição tanto do "Abridor" quanto do homem descrito em sua história, Woburn: uma condição de ruína e de progresso claudicante. Quando Woburn cai, assim como quando o artista tropeça na criação de sua história, não importa se ele cai "de propósito ou não" (p. 11); o que importa é que ele cai, depois levanta, e continua.

---

[1] O texto de *Cascando* aparece em Samuel Beckett, *Cascando and other Short Dramatic Pieces*. As referências de páginas vêm entre parênteses.

A voz diz que as histórias contadas por ele chegam a "milhares e uma" (p. 9), que tudo que ele fez até hoje com sua vida foi contar histórias, esperando toda vez que aquela na qual está trabalhando seria "a correta", aquela que permitiria que ele descansasse. Claro que aquilo que ele tem procurado é a formulação de uma visão que irá encerrar a inquieta demanda de sua mente pela realidade. A maior parte dos personagens de Beckett sabe que os conceitos e a existência real jamais se encaixam, mas mesmo assim eles nunca conseguem parar de tentar achar um conceito satisfatório final que vá pôr fim ao tormento intelectual que sempre os impele adiante. Dessa vez, porém, a voz tem uma verdadeira esperança de que a revelação virá, na forma de uma visão que deixará para trás os conceitos e chegará ao ser da realidade mesma. "Mas essa aqui", diz ele, "é diferente... Vou terminá-la... depois vou descansar... é a certa... dessa vez... eu sei... estou vendo... Woburn". A razão pela qual Woburn pode ser uma fonte de esperança é que ele está mudando, está se transformando numa pessoa que talvez possa atender às precondições para a visão final. Ele ainda não mudou o suficiente, mas está indo na direção certa.

A história descreve a jornada de Woburn. Ele está numa choupana esperando a noite cair, e então entra na noite para iniciar sua demanda. Ele está usando o "mesmo velho casaco" e chapéu, mas chegou a um ponto de decisão fundamental, de grande importância simbólica: "o mar à direita... as colinas à esquerda... é dele a escolha" (p. 10). O significado dessa escolha fica claro à medida que a história prossegue. A terra é o lugar de habitação humana, sejam famílias em casas, estranhos em pousadas, ou solitários nas cavernas. É o universo que o homem domesticou com os arreios de seus conceitos, convencendo-se de que os arreios servem. O mar não é domesticado, é realidade crua. Woburn não toma sua decisão com facilidade. À medida que vai tropeçando encosta abaixo até o banco de areia, às vezes caindo de cara na lama, e então seguindo adiante, ele não tem certeza de onde está indo. Num dado momento, surge em sua mente uma "vaga lembrança" de "um buraco... um abrigo... um oco... nas dunas... uma caverna" (p. 11), tentando-o a deixar a demanda por um dos velhos abrigos terrestres que ele agora foi chamado a superar. A tentação não o detém dessa vez. Por fim ele desce até a areia e o mar, e ganha as águas num barco.

Durante tudo isso, a história é interrompida diversas vezes pelo Abridor, que fala de como "eles" dizem que isso não passa de uma coisa "na cabeça dele" (p. 12). Evidentemente o artista foi censurado pelas pessoas que lhe disseram que as preocupações dele, assim como suas histórias, não são reais, que ele não precisa da visão que busca tateando e que ele está perdendo seu tempo tentando criar uma obra que vá encarná-la. Provavelmente são tipos de pessoas para quem um pote é sempre um pote e apenas um pote, e que, ao contrário de Watt, podem dizer Pote, pote, e ficar confortadas. O artista, porém, protesta, dizendo que a preocupação que informa essa história e o impele a contá-la é não apenas real mas, para ele, vital: "É minha vida, eu vivo disso". As pessoas continuam a denunciá-lo, mas ele não protesta mais; ele simplesmente continua, como seu personagem: "Não protesto mais, não digo mais, não tem nada na minha cabeça. Não respondo mais. Eu abro e fecho" (p. 13). E à medida que Woburn vai mais longe no silêncio do mar, deixando para trás não apenas o continente, mas também as ilhas, o Abridor fica cada vez mais independente "delas": "Mas eu não respondo mais. E elas não dizem mais nada. Elas desistiram. Que bom" (p. 16). Ele agora pensa por si próprio, com sua própria cabeça, buscando um objetivo que sabe que só vai encontrar se for sozinho. A solidão da demanda não é fácil de suportar, mas lhe pertence, e ele a leva: "Eu abro... Estou com medo de abrir. Mas tenho de abrir. Então eu abro" (p. 16-17). E ele segue, cada vez mais perto do final, com as sequências verbais e musicais aproximando-se no sentido da visão final que finalmente as unirá numa fusão de pensamento e sentimento: "De um mundo a outro, é como se elas tivessem se aproximado. Não temos muito mais a percorrer. Que bom" (p. 15). Houve um tempo em que ele pensava que não teria de abandonar completamente o mundo dos conceitos tradicionais, quando ele achava que a demanda poderia ser realizada como uma mera excursão, após a qual ele voltaria ao velho mundo familiar, mas dessa vez ele percebe que tudo aquilo tem de ser deixado para trás definitivamente:

> Houve um tempo em que eu me perguntava: De que se trata?
> Houve vezes que eu respondia: É a excursão.
> Duas excursões.
> Então o retorno.
> Aonde?
> À aldeia.
> À pousada.
> Duas excursões, então enfim o retorno, à aldeia, à pousada, pela única estrada que leva lá.
> Uma imagem, como nenhuma outra.
> Mas eu não respondo mais.
> Eu abro. (p. 17-18)

Woburn tem de abandonar tudo que poderia servir-lhe de conforto, e abandonar todas as ideias preconcebidas de seu destino, para confiar-se ao mar: "mais rápido... deslizando... empinando... mergulhando... indo para lugar algum... indo para algum lugar... luzes... ilha à popa... longe à popa... indo lá... vasta profundeza... não há mais terra" (p. 16-17). É isso que ele tem de fazer, mas ainda que insista nisso por uma certa distância, ele vê que ainda não consegue deixar a terra totalmente para trás; trouxe um pouco dela consigo, misturada à sua própria pessoa. Ele mudou "quase o bastante" (p. 17), mas não o suficiente. Ele ainda usa o "mesmo velho casaco" e "se agarra" ao barco como se ele fosse o último posto avançado de terra ao qual poderia agarrar-se, e é provavelmente por essa razão que, enquanto está deitado "de braços abertos" no fundo do barco, ele permanece com "a cara no porão", de modo que ele consegue ver o novo reino no qual adentrou. Claro que ele não consegue superar nem abandonar seu desespero por perder de vista as luzes da terra, mas, se olhasse para cima, veria que há também outras luzes: "luzes sumidas… da terra… sumidas todas… quase todas… longe demais… tarde demais… do céu… aquelas… se você quiser… ele só precisa… virar-se… ele as veria… brilhariam sobre ele… mas não… ele ainda se agarra… Woburn… ele mudou… quase o bastante" (p. 17).

O artista não consegue dar fim a sua história, mas recusa-se a concluí-la. A peça termina com expressões de esperança de que o fim virá e de determinação de prosseguir resolutamente em seu sentido: "… chegamos… quase… só mais um pouco… não desista… Woburn… ele se agarra… vamos… vamos" (p. 19).

Qual seria o final se ele conseguisse alcançá-lo? Isso não nos é dito, exceto que teria de ser algo que tivesse a ver com a aceitação da luz das estrelas como substituta das luzes da terra. Na realidade, porém, até ela é "uma imagem, como qualquer outra". A visão mesma estaria além da arte, e até a arte mais próxima de ser adequada jamais poderia contê-la. Tudo que o artista pode fazer é levar-nos com ele na aproximação, mas não importa o quão longe chegue essa aproximação, ela sempre será apenas uma aproximação. Se o artista ou nós mesmos jamais poderemos chegar ao fim é uma questão apenas levantada e deixada em aberto.

CAPÍTULO XI.
TRIOS: COMÉDIA e VAI E VEM

Como continuar seguindo Woburn estaria além da capacidade da arte, Beckett retorna em suas obras subsequentes para uma consideração daqueles que sentiram o desafio da busca de Woburn apenas vagamente, ou não sentiram, por estar preocupados demais com a vida da terra que Woburn deixou para trás. *Comédia* (1963) e *Vai e Vem* (1966)[1] examinam aqueles personagens que, de um lado, trancaram-se num círculo vicioso de paixões que não permitem uma reposta deles ao chamado da lucidez que é o desafio no coração da existência humana, e que, de outro, nunca chegaram tão longe na verdadeira vida, definhando numa espécie de morte em vida porque, como falou a menininha Maddy Rooney em *Todos os que Caem*, nunca nasceram de verdade. No processo de explorar esses temas, essas duas peças também desenvolvem ainda mais e esclarecem particularmente um traço importante da arte de Beckett, que ficou particularmente destacada em seus últimos trabalhos: sua grande preocupação com a forma estética. Toda a obra de Beckett usa padrões formais cuidadosamente desenvolvidos na corporificação de seus temas, mas sua obra mais recente deu ao elemento formal mais ênfase do que nunca. *Como É* (1961), por exemplo, trata essencialmente do mesmo tema que *O Inominável*, porém difere dele no uso de uma elaborada estrutura formal, muito semelhante à de uma sonata na música.[2] *Comédia*

---

[1] Os textos de ambas as peças aparecem em *Cascando and other Short Dramatic Pieces*. As referências de páginas vêm entre parênteses, mas como *Come and Go* [Vai e Vem] só tem três páginas, não será necessário dar referências para esse texto.
[2] Ver Eugene Webb, *Beckett: Novels*, p. 163-68. Marcel Mihalovici, que escreveu a partitura de *Cascando* e escreveu arranjos para *A Última Gravação de Krapp*

e *Vai e Vem* mostram igual ênfase na forma, e mais uma vez há um paralelo com a música: ambas urdem três vozes entrando e saindo de padrões temáticos, de um modo semelhante ao de um trio musical.

Em *Comédia*, as três vozes são as de um homem, sua esposa e sua amante, chamados na didascália de H, M1 e M2. A peça estuda as relações entre esses três personagens – um triângulo amoroso – e suas reações à situação em que eles se encontram após a morte: são forçados a pensar e a falar por uma luz que passa de um a outro, abrindo e fechando seus fluxos de voz e urdindo-os em intricados padrões de contraponto. Enquanto a plateia os observa e escuta, o prazer que sente está tanto na percepção da forma estética quanto na percepção do sentido realçado que essa forma expressa, já que os três fluxos refletem e iluminam-se uns aos outros.

A obra é dividida em seções semelhantes aos movimentos de uma obra musical, com temas que passam de voz a voz até que as vozes se unem em coros para abrir e fechar as seções. A abertura é um coro sobre a situação presente, um estado após a morte em que os personagens encontram-se em urnas no escuro, excetuando as vezes em que a luz os ilumina. Ainda que eles estejam lado a lado, o homem no meio e as duas mulheres ao lado dele, eles não estão conscientes uns dos outros, mas só de si mesmos, da treva e da luz. Após o coro de abertura há uma pausa de cerca de cinco segundos, em seguida surge outro coro em que todos os três começam a narrar lembranças das vidas que levavam na terra. Esse coro é parado quase que imediatamente por outro blecaute (p. 52). Poder-se-ia dizer que esse primeiro movimento tem um único tema, a memória, mas transmutado em três vozes diferentes segundo os pontos de vista contrastantes dos personagens.

(a ópera chama-se *Krapp*), diz que Beckett é "um músico notável" e foi capaz de oferecer-lhe preciosa ajuda na composição das partituras em que trabalharam juntos. Ver Marcel Mihalovici, "My Collaboration with Samuel Beckett". In: *Beckett at 60*. Ed. John Calder. Londres, Calder and Boyars, 1967, p. 20-21.

A segunda seção, que começa com outro coro, é muito mais complexa. Ela tem dois temas, e as vozes passam de um a outro e de outro a um segundo um padrão muito intricado. Os temas são: (1) a situação presente e o significado da luz, e (2) especulações sobre o que pode estar acontecendo naquele momento na terra. Ao segundo tema se chega por uma fuga da frustração pela incapacidade de resolver o problema apresentado pelo primeiro. É significativo que o primeiro a passar ao segundo tema seja o homem: ele é o que tem menor força de vontade no grupo, aquele mais inclinado agora, assim como quando estava vivo, a tentar escapar do mundo inóspito e frio da realidade para o tipo de fantasia que tentou realizar em sua relação com sua amante. O segundo [personagem a passar] é a amante, e o último é o mais durão, e também mais autocentrado dos três, a esposa. Apresentadas esquematicamente, as permutações desse movimento caem no seguinte padrão:

A LUZ (SITUAÇÃO ATUAL)	A TERRA (FUGA)
H, M1, M2	
M1, M2	H
M1	H, M2
H, M2	M1
M1, M2	H
H, M1, M2	

Como o diagrama deixa claro, H é o mais inclinado dos três a tentar fugir, e talvez também valha a pena observar que, quando ele não está nem sozinho nem com o grupo como um todo, ele tende a associar-se com M2, sua amante: ele sempre a achou mais simpática do que a esposa.

Ao final dessa seção o coro de abertura retorna, e a peça inteira é repetida; então, após ele terminar pela segunda vez, ele se prepara para outra repetição, dessa vez com uma pequena variação – H vai abrir em vez de M1 –, mas sem qualquer mudança essencial. É evidente que, enquanto os personagens mantiverem-se ligados aos padrões de pensamento que os levaram àquela situação, eles jamais sairão dela.

Contudo, há também indicações de que rompê-la seria possível, e que eles estão na verdade sendo desafiados a fazê-lo. Quando a luz brilha sobre eles, colocando seus fluxos de consciência e de fala em movimento, parece-lhes que ela está exigindo algo que a satisfação de sua demanda finalmente traria o silêncio, a escuridão e o descanso. E as referências nas notas à luz como "inquisidora" e aos personagens como suas "vítimas" (p. 62) indicam que isso não é mera especulação ociosa ou esperança iludida por parte deles. Quando o Inominável, em seu próprio estado de vida após a morte, especulou sobre a possibilidade de um sentido similar para as luzes que brilhavam sobre ele e o forçavam a pensar e a falar, não havia nada indicando que essa hipótese fosse mais razoável do que qualquer outra dentre as várias que sua mente secretava como teias, mas nesse caso a voz do autor deu uma base independente à ideia.

O que, então, a luz exige? Como é uma "inquisidora", ela deve estar procurando a verdade, e a revelação dessa verdade certamente demandaria que cada personagem reconhecesse a realidade de sua vida. Isso envolveria não apenas uma franca confissão de deficiências morais no sentido habitual, das quais esses personagens estão repletos, mas também o mesmo tipo de lucidez absoluta a respeito da existência a que vimos tantos personagens de Beckett ser convocados.

À medida que a luz os perscruta, suas personalidades vão aparecendo para nós. O homem, por exemplo, é um personagem vividamente terreno: sexualmente potente – "Mas que macho!", exclama sua esposa num dado momento (p. 48), ao pensar em como ele conseguiu manter tanto ela quanto sua amante satisfeitas por tanto tempo –, mas fraco e vacilante como pessoa. Sua tendência à poligamia parece o resultado dessas duas características: seus apetites o levam a uma segunda mulher, e sua fraqueza de caráter faz com que seja impossível para ele escolher entre as duas, por mais desconfortável que seja para ele o conflito entre elas. O ideal para ele seria uma situação que as duas mulheres tolerassem, e suas fantasias a respeito de como teria sido agradável uma vida assim têm uma qualidade langorosa que corresponde à sua lassidão intrínseca. "Pensar que nunca estivemos juntos... Nunca acordamos juntos, numa manhã de maio, o primeiro acordando os outros dois. Depois, num bote... no rio, eu descansado nos remos, elas recostadas em almofadas infláveis na popa... lençóis. Vagar. Que fantasias" (p. 56-60).

A esposa dele, por outro lado, é uma mulher muito ativa, ferozmente agressiva. Sua razão de viver é o poder pessoal, e o valor de seu marido para ela parece ser em grande parte o de uma posse, um objeto sobre o qual ela pode afirmar poder absoluto. Caracteristicamente, sua máxima ideia de felicidade durante a parte da vida que ela relata era ser capaz de afirmar a posse incontestável dele: "Então ele era meu de novo. Todo meu. Eu estava feliz de novo. Ficava cantando. O mundo –" (p. 51). O mundo estava em sua posse, provavelmente é isso que ela quer dizer. E em sua exuberância diante da vitória do seu poder, ela até, mais uma vez de modo característico, foi à amante para festejar a derrota dela. De fato, a vitória parece ter sido ainda mais doce para ela do que teria sido a posse pacífica sem luta, já que lhe deu um novo instrumento para usar contra o marido e reduzi-lo à total submissão. H recorda como ela costumava atormentá-lo com isso e como ele costumava submeter-se: "Vi sua ex-zinha, ela disse uma noite, já na cama, você ficou sem essa. Totalmente desnecessário, pensei. Fiquei mesmo, querida, eu disse, fiquei mesmo. Deus, que vermes essas mulheres. Graças a você, meu anjo, falei" (p. 51).

A amante é a mais sensível do grupo e a mais preocupada com relações especificamente pessoais, em comparação com o tipo relativamente impessoal de relacionamento que se tem com posses ou com escravos. Foi isso que fez com que ela se envolvesse com H, e foi para ter uma relação pessoal mais adequada, e não para obter mais poder, que ela queria que H a escolhesse com exclusividade no lugar da esposa. E agora, no estado após sua morte, a mesma tendência faz com que ela procure uma relação com a luz; como ela sempre foi uma pessoa que viveu para os olhos dos outros, ela tenta imaginar a luz olhando-a com interesse pessoal, sentindo raiva, simpatia, etc.: "Você pode ficar zangada e fulminar meus miolos. Não pode?... Mas duvido. Não combinaria com você. E você há de saber que estou me esforçando ao máximo. Ou não sabe?... Está me ouvindo? Alguém está me ouvindo? Alguém está olhando pra mim? Alguém simplesmente se importa comigo?" (p. 54-55).

Talvez seja por causa de sua maior sensibilidade e, portanto, de sua maior sensação de solidão que essa fala reflita ser ela a única dos três que enlouquece ao fim do ciclo.

A esposa, eterna megera, está menos inclinada a adular a luz e mais inclinada a afirmar-se contra ela. Assim como os outros, ela especula a respeito da ideia de que talvez ela esteja exigindo-lhe uma confissão, mas ela está menos inclinada a perguntar o que ela quer e mais inclinada a confiar em suas próprias capacidades de raciocínio para a resposta: "Não há nada que eu possa fazer... por ninguém... nunca mais... graças a Deus. Então talvez eu tenha que dizer algo. Como funciona ainda a mente!" (p. 54). E, dos três, ela é a única que manda a luz deixá-la em paz: "Sai daqui!" (p. 53).

O homem pensa naquilo que a luz pode estar querendo – "Estou escondendo alguma coisa? Perdi... o que você quer?" (p. 57-58). Mas, como é vacilante, passa a maior parte do tempo em lembranças ou fantasias, evitando o problema do que é que ele pode estar escondendo e que, quando revelado, pode levar a uma paz mais permanente e satisfatória do que a de suas fugas costumeiras.

A partir do que vemos, parece que nenhum deles jamais encontrará a verdadeira paz. A repetição da peça indica que eles estão todos mergulhados demais nesses padrões de pensamentos para conseguir sair deles. Se isso é um inferno, como sugere a referência da esposa à "meia-luz infernal" (p. 53), então o inferno é a necessidade de conviver para sempre com a identidade superficial que se cria para si durante a vida.

Vai e Vem é uma obra ainda mais esparsamente formal; na verdade, ela é quase o máximo que o teatro pode chegar da pura forma, já que é quase – ainda que não exatamente – nada. As notas ao final, que descrevem os padrões das posições sucessivas dos três personagens à medida que eles vêm e vão, o padrão de suas mãos cruzadas, da luz, do figurino, etc., contêm cerca de metade do número de palavras do texto, o qual, por sua vez, não é muito mais do que um arranjo altamente simétrico de repetições, como: "Ela não percebe?", "Deus não permita"; "Não disseram a ela?", "Deus a livre"; "Ela não sabe?", "Por favor, Deus, não."

O assunto – o pouco que há – é a palidez de vida daqueles que nunca conseguem, por alguma razão, participar de mais do que uma sombra de existência no limite da vida ativa. Como estão todas na mesma situação, isto é, todas no mesmo estado de meia-vida, Flo, Vi e Ru se parecem muito. Mesmo usando cores diferentes, suas roupas são idênticas sob todos os outros aspectos. Elas são de idade "indeterminável", como os vivos fantasmas que são, e falam em vozes "incolores", "baixas no limite da audibilidade", e movimentam-se em absoluto silêncio.

Não fica especificado se elas ainda estão vivas na meia-idade ou na velhice, ou se, como os personagens de *Comédia*, estão num estado após a morte olhando para o mundo. Tudo o que importa é que elas deixaram a vida escapar e agora se encontram ocasionalmente para confortar-se umas às outras quanto à perda. É óbvio que um dia elas foram alunas da mesma escola – elas lembram de ficar sentadas num tronco "no *playground* da srta. Wade" – e é evidente que depois elas não tiveram nenhuma vida que valha a pena mencionar, já que elas nunca mencionam. A ação consiste apenas em cada uma ir para um lado por um momento enquanto as que ficam sussurram uma no ouvido da outra algum segredo que guardam daquela que está ausente. Nunca ficamos sabendo qual é o segredo – que elas estão mortas? que não há mais esperança de casamento? ou simplesmente que a ausente está com o batom borrado ou está com uma espinha no nariz? –, mas, outra vez, isso não é particularmente importante; a situação essencial permanece a mesma, qualquer que seja o segredo. O segredo mesmo é apenas um instrumento com o qual duas tentam fabricar uma ilusão de interesse comum e de poder sobre aquela excluída.

Após terminarem sua rotina de saídas e de sussurros, envolvendo as mudanças de assentos diagramadas nas notas finais, elas sentam e juntam as mãos num padrão de ziguezague, e uma delas diz, "Consigo sentir as alianças". Como as notas dizem que as mãos delas estão claramente visíveis, não havendo qualquer aliança aparente, parece que, como tantos outros no mundo das peças de Beckett, elas estão confortando-se com uma ilusão, talvez a ilusão de estarem usando alianças de noivado – que prometem a oportunidade de uma vida vindoura – ou de que são viúvas e ainda guardam suas alianças de casamento como testemunho da plenitude da vida que um dia lhes pertenceu. O que quer que seja, e pode ser algo vago o suficiente nas cabeças delas para ser ambas as coisas, não passa de um sonho, assim como nos velhos dias na casa da srta. Wade, quando elas costumavam ficar sentadas, de mãos dadas, "sonhando com... o amor". Não há alianças, elas não viveram, e nunca viverão.

CAPÍTULO XII.
FILME

Filme (1965) é a única obra de Beckett criada especificamente para o meio do cinema, e é também a única obra para a qual ele escreveu – nas notas e nas observações gerais para a produção – uma extensa exposição crítica.[1] Mesmo aqui, como se poderia esperar, ele não chega a endossar inequivocamente seu próprio comentário: "O sobrescrito anexo não possui valor de verdade", diz ele, "considerado mera conveniência estrutural e dramática" (p. 75). O que ele quer dizer, porém, não é que seus comentários sejam falsos, mas apenas que eles descrevem aquilo que alguns chamariam de realidade fenomenológica, não a realidade última, mas antes a aparência que constitui a experiência do homem com a realidade. Se tivermos em mente essa reserva, podemos entender devidamente o objetivo de seus comentários. Ele nos diz que o filme fala de percepção e de autopercepção, como na expressão de Berkeley, "*esse est percipi*" (ser é ser percebido),[2] e que buscar o não-ser fugindo aos olhos dos outros é fútil, já que a autopercepção é inescapável. É fácil ver o motivo de Beckett ter tomado cuidados para renunciar a qualquer esforço de expressar verdades metafísicas do tipo das quais Berkeley se interessava; ele mesmo está muito mais próximo

---

[1] O texto aparece em *Cascando and other Dramatic Pieces*. Também foi publicado separadamente como *Film* (Nova York, Grove Press, 1969), com um ensaio sobre a experiência de ter dirigido *Film*, por Alan Schneider. As referências de páginas à edição de *Cascando* vêm entre parênteses. O filme produzido é substancialmente parecido com o filme descrito no texto, mas não é idêntico a ele. Foi produzido em 1964 por Evergreen Theatre, Inc., com direção de Alan Schneider e Buster Keaton no elenco.

[2] George Berkeley, "A Treatise Concerning the Principles of Human Knowledge". In: *Essay, Principles, Dialogues*. Ed. Mary Whiton Calkins. Nova York, Scribner's, 1929, p. 126.

de Hume que de Berkeley, e ele provavelmente lembra muito bem o que Hume fez com a metafísica de Berkeley. O que Beckett quer nos dar não é uma ontologia, mas simplesmente uma descrição da sensação de fugir de uma consciência por demais aguda da realidade.

Para representar essa fuga da percepção de modo dramático, o filme divide seu protagonista em dois elementos: objeto (O) e olho (E[3]). O está fugindo de E, e E está perseguindo O. Uma convenção da obra estabelece que, quando o ângulo de visão que E tem de O, e normalmente E vê por trás, é maior que 45°, O fica desconfortavelmente consciente de estar sendo percebido, e ou foge ou vira-se para reduzir o ângulo. Há diversas diferenças entre o texto e o filme realizado, mas em minha discussão vou me ater principalmente ao texto, já que ele representa melhor a concepção original de Beckett sobre a obra. O texto – embora não o filme produzido[4] – começa com uma cena de rua na qual diversas pessoas, todas indo na mesma direção e todas em pares, andam calmamente. Todas estão "contentes em *percipere* e *percipi*" (p. 77), o que indica que só uma pessoa que, como O-E, é perigosamente próxima de realmente aclarar a percepção que vai achar tanto *percipere* quanto *percipi* perturbador. Aquelas pessoas estão pacificamente absortas nos papéis que desempenham na vida e, por conseguinte, ficam confortavelmente distantes de seus eus autênticos. Em contraste com os outros, cuja aceitação da superfície da vida é representada pelas roupas leves de verão, que os expõem ao dia, O está num longo sobretudo escuro, com o chapéu puxado para a frente, cobrindo os olhos. Ele abraça um muro com o lado esquerdo e, com o direito, protege com a mão o lado exposto do rosto.

---

[3] (E), do inglês *eye*, olho. (N. T.)
[4] O filme produzido cortou a cena inicial e começou, após os títulos superpostos aos olhos de Keaton, com o episódio do casal idoso, que começa na página 77 de *Cascando and other Short Dramatic Pieces*. Segundo Alan Schneider, o corte não foi feito por razões estéticas, mas simplesmente porque as cenas de multidão não saíram bem na gravação e seria caro demais repeti-las. Ver o ensaio de Schneider sobre *Film*, p. 77.

Enquanto O corre em "cega urgência" (p. 77), ele acaba empurrando "um casal idoso, de aspecto fuleiro remediado" que está na calçada lendo um jornal, atividade que representa a participação complacente deles no tipo de vida coletiva e superficial em que as pessoas se unem, pensando os pensamentos que todos pensam que todos os demais estão pensando. É provavelmente significativo sob esse aspecto que no filme realizado o homem está usando um colarinho de padre; isso o identifica como um dos guardiães oficiais dos valores e das crenças convencionais. Apesar de O passar correndo, E para um instante para olhar o casal. De início eles não notam a presença de E, mas lentamente ficam desconfortáveis ao perceber seu olhar voltado para eles. Quando, por fim, voltam-se e olham-no diretamente, vem-lhes ao rosto "uma expressão que só pode ser descrita como correspondente a uma aflição de ser percebido" (p. 78). Claro que as pessoas podem permanecer bastante confortáveis em suas vidas convencionais enquanto não são expostas a uma percepção verdadeiramente clara de si próprias, mas ficam agudamente ansiosas quando uma clareza genuína os ilumina. Mesmo quando essa clareza vem do olho de outro fugitivo, ela os deixa desconfortavelmente conscientes de algo nelas mesmas, algo de que elas estavam fugindo. Seu macaco de estimação, por outro lado, é completamente indiferente; somente o homem tem o dom, assim como o ônus, de ser capaz de ocultar-se da realidade no autoengano. Tomados de ansiedade, o homem e a mulher fecham seus olhos e correm na mesma direção de todos os outros, aquela contrária a que O e E estão seguindo. Poucos momentos depois, a mesma expressão de horror vem ao rosto de uma florista que E olha enquanto persegue O escada acima num prédio. Ela fecha os olhos e cai no meio das flores, enquanto E vira-se de novo e corre para ultrapassar O, que está a caminho de um quarto.

E está diretamente atrás de O quando O destranca a porta do quarto e entra. Aqui o ponto de vista muda para O. A maneira como isso é assinalado no filme é quando, no momento em que o ponto de vista é o de O, a imagem fica levemente fora de foco, contrastando com a nítida visão de E. Durante o episódio subsequente, o ponto de vista vai e vem entre O e E diversas vezes. Ao entrar, O tranca a porta atrás de si, depois se vira e vasculha a sala. O que vê é o seguinte: um cão e um gato, um espelho, uma janela, um sofá com um cobertor, um papagaio, um peixe dourado e uma cadeira de balanço. Primeiro ele deita a mala que estava carregando, depois vai à janela e fecha a cortina. Incomodado com os olhos do cão e do gato, que ficaram encarando ele durante essa sequência, pega ambos e os põe para fora do quarto. Depois de ter cuidado dessas coisas, claramente tem a sensação de que poderá dedicar-se sem maiores perturbações ao assunto que ora ocupa sua mente. Contudo, quando pega sua pasta e senta na cadeira de balanço para abri-la, ele se vê distraído pelos olhos de Deus Pai, "encarando-o severamente" numa imagem na parede. Após levantar-se e rasgá-la, pisoteando os pedacinhos em seguida, ele volta para a cadeira e retira da mala uma pasta, que está prestes a abrir quando é de novo perturbado, dessa vez pelos olhos do papagaio. Ele levanta e cobre a gaiola do papagaio com o casaco, e então percebe os olhos do peixe e também cobre o aquário.[5] Finalmente ele se acomoda e tira o chapéu, revelando a E uma fina faixa elástica em volta da cabeça, e tira da pasta um pacote com fotografias.

As fotografias mostram uma série de sete cenas do passado de O-E. Todas as fotos mostram-no em diversas circunstâncias e em várias fases importantes da vida. A primeira mostra-o aos seis meses, nos braços da mãe. A mãe, com um "grande chapéu florido à moda antiga", olha-o desde cima, "com olhos severos que o devoram" (p. 88). Claro que ele sempre sentiu algum medo de ser devorado por aqueles olhos, e é talvez em parte a força desse fascínio pela mãe e seu modo de visão que o traz aqui para reviver sua vida ao inspecionar essas

---

[5] No filme produzido ele também tem de lidar com o efeito de olho dos ilhoses de sua pasta antes de conseguir chegar às fotos. A cadeira que foi usada também tinha buracos que pareciam olhos no descanso de cabeça, mas estes não pareciam incomodá-lo.

fotografias. Embora não seja certo, é provável que o quarto seja o da mãe.[6] Parece bem claro que dele não é – ele dificilmente preencheria um quarto que lhe pertencesse com tantos olhos perturbadores – e, como sua mãe era religiosa, como a foto seguinte deixa evidente, é bem mais provável que ela fosse colocar na parede uma imagem de Deus Pai. Se for esse o caso, talvez O sinta que, retornando ao mundo da mãe, a fonte de sua existência, ele consiga chegar a um entendimento melhor do formato de sua própria vida e, nesse processo, encontrar um meio de escapar dela.

A segunda fotografia dá uma ideia do tipo de influência que sua mãe teve sobre ele. Ele tem quatro anos, está de pijama na varanda, ajoelhado numa almofada numa atitude de prece, aos joelhos da mãe, que, usando um chapéu semelhante ao da primeira foto, curva-se sobre ele com "olhos severos".[7] É claro que ela o está ensinando a rezar de um jeito antiquado para o Deus antiquado que corresponde ao estilo antiquado do seu chapéu.[8]

Foi desse jeito que seus olhos "devoradores" tentaram absorvê-lo em seu modo de ver o universo, e a rebelião contra a visão deles foi claramente uma das principais forças motivadoras de sua vida subsequente. Ver com os próprios olhos, porém, é uma missão quase impossível, talvez insuportável, e, se ele está fugindo dos olhos da mãe, também tem fugido dos próprios. São seus próprios olhos, em E, que agora

---

[6] Se for o quarto da mãe dele, ele não é o primeiro personagem de Beckett a ter partido nessa demanda. Molloy também viajou em busca da mãe e começou sua narrativa com a seguinte afirmação: "Estou no quarto de minha mãe. Sou eu quem mora nele agora" (*Molloy*, p. 7).

[7] Excetuando os olhos, que não são visíveis, essa é uma descrição perfeita de uma foto do próprio Samuel Beckett ajoelhando-se quando criança aos joelhos da mãe. A foto pode ser vista ao lado da página 24 em *Beckett at 60*. A foto usada no filme também mostra uma criança rezando em presença da mãe, mas é, de modo geral, bem diferente da descrição.

[8] Geralmente, nas obras de Beckett, os chapéus têm uma identificação íntima com as identidades e com as maneiras de pensar dos personagens. Ver Eugene Webb, *Beckett: Novels*, p. 70 e 95-96, para chapéus nos romances.

estão prestes a tomar posse dele, e é claramente em parte sua rebelião contra os olhos da mãe que ora fazem dele presa de E. No mundo de Beckett, tentar pensar por conta própria é perigoso; a tentativa às vezes obriga a efetivamente fazê-lo.

Pelas fotografias seguintes, vê-se que o mundo para o qual o útero de sua mãe ejetou-o no parto mostrou-se ainda mais difícil de escapar do que os olhos dela. A terceira foto mostra algumas das tentações que a vida usa para apanhar-nos. Aqui o protagonista tem quinze anos de idade e sorri. Ele está claramente apreciando a dignidade que o paletó da escola e seu progresso em direção à vida adulta lhe proporcionam, e está cedendo a uma das mais deliciosas tentações da vida: o poder. Ele está ensinando um cachorro a sentar sobre as patas traseiras e implorar. Na quarta, ele tem vinte anos e está sorrindo, de pé numa plataforma, de beca, para receber seu diploma. Ao fundo há "uma parte do público, observando". Considerando todos os indícios, ele está prestes a lançar-se como personalidade confortavelmente pública, vivendo a vida e pensando os pensamentos das pessoas que vimos antes na rua.

Se O levou cerca de seis segundos para examinar cada uma das primeiras quatro fotografias, ele demora doze para examinar cada uma das duas seguintes. Aparentemente elas despertam emoções particularmente fortes por causa de sua associação com as complicações mais profundas em que a vida o colocou antes de ele dar meia volta definitivamente e correr na direção contrária à do mundo. Na quinta, ele está com vinte e um anos e ainda está sorrindo, com seu braço em volta de sua noiva. Um pequeno bigode indica tanto sua aceitação quanto seu orgulho do papel a que a vida adulta o chamou. Na seguinte ele tem vinte e cinco anos, um bigode ainda maior, e ainda sorri, segurando nos braços uma menininha, obviamente sua filha. O ainda deve sentir algum apego pela criança, já que estende o indicador e toca seu rosto. O fato de ele estar de farda, "recém-alistado", sugere que à época das fotografias ele estava prestes a ir para a guerra.

A farda na fotografia utilizada no filme produzido parece do tipo usado na Primeira Guerra Mundial.

A última fotografia é segurada por O apenas seis segundos de novo, provavelmente porque representa algo que ele já conhece muito bem: o homem que se tornou. Nessa foto ele tem trinta anos, mas parece ter mais de quarenta. Usa um sobretudo e, ao contrário da cabeça nua das fotos anteriores, um chapéu, que pareceria representar tanto a consumação de sua identidade madura quanto uma defesa contra a exposição à vida.[9] Ele agora não tem mais bigode, sugerindo a rejeição dos papéis de amante e de pai com que o bigode está associado, e tem um tapa-olho no olho esquerdo, provavelmente indicando que foi mutilado na guerra. Seu rosto tem uma expressão carrancuda.

Quando O termina de olhar a sétima foto, rasga-a em quatro pedaços e joga-os no chão, e então volta a cada uma das fotos anteriores e faz a mesma coisa, terminando com a primeira, que tem papel mais grosso e demanda maior esforço, mas que finalmente cede às suas mãos retorcidas. Ao destruir todas essas imagens de si mesmo, ele obviamente acha que está aniquilando não apenas suas memórias, mas também a identidade que tanto lhe pesa. Quando termina, recosta-se na cadeira, segurando os braços, e tenta dormir. O eu que ele tentou destruir, porém, é apenas fenomênico, e, ao libertar-se dele, ou ao entregar-se à ilusão de livrar-se dele, ele apenas se abriu a um adversário muito mais perigoso: a realidade numênica, E, que está atrás dele. A tentativa de fugir da autopercepção ironicamente o levou a derrubar a principal defesa que o protegia contra ela.

Na cena final, E lentamente dá a volta para ter uma visão total de O, ainda que furtivamente, e com recuos ocasionais, quando O reage à sensação de sua presença. No momento em que O finalmente cai

---

[9] Ver a nota imediatamente anterior. O chapéu usado no filme era do tipo *porkpie* usado pelo próprio Buster Keaton. Ver *Film*, p. 72.

em sono profundo, E consegue chegar a uma posição diretamente frontal à dele e olha durante um longo tempo seu rosto dormindo, que tem um tapa-olho no olho esquerdo. Então por fim o olhar de E acorda O, que estremece e o encara. O agarra os braços da cadeira e se retesa, e gradualmente a expressão da "agonia de ser percebido" o toma. A imagem seguinte é a de E visto por O: "É o rosto de O (com tapa-olho), mas com uma expressão muito diferente, impossível de descrever, não sendo nem de severidade nem de benignidade, mas sim a de uma aguda atenção. É possível ver um grande prego ao lado de sua têmpora esquerda (o lado do tapa-olho). Longa imagem do olhar sem piscar" (p. 83). Finalmente O, horrorizado, fecha os olhos e cobre o rosto com as mãos.

O que significa essa imagem de E? O olhar calmo e atento pareceria corresponder à persistência gentil mas teimosa com que E perseguiu sua percepção de O, e a ausência de emoção em seu rosto sugere um desapego fundamental por parte desse nível mais profundo da realidade de O-E em relação às reações violentas de sua identidade superficial e fenomênica. O grande prego em sua têmpora esquerda, porém, sugere que, assim como E é parte de O, ele não tem sido completamente imune aos efeitos que a maneira de O abordar a vida tem tido em seu eu total. O prego claramente significa uma ferida que penetrou no fulcro do ser de O-E. Exatamente que tipo de ferida, porém, não é especificado pelo texto. Talvez como imagem o prego tenha alguma conexão com a estaca que Jael, esposa de Héber, teria cravado na têmpora de Sísara, capitão cananeu, numa história contada em Juízes. Sísara, após perder uma batalha para os israelitas, fugiu de seus perseguidores e pediu que Jael o escondesse em sua tenda. Ela prometeu fazê-lo, mas depois, enquanto ele dormia, ela "pegou uma estaca da tenda, apanhou um martelo e, aproximando-se dele mansamente, cravou-lhe na têmpora a estaca" (Juízes 4,21). Sísara morreu, evidente, e talvez o paralelo pretenda indicar que O-E, em sua fuga da vida, recebeu um ferimento mortal, que em algum momento o destruirá completamente. De todo modo, o prego na têmpora de

E sugere que, mesmo que o olhar claro da realidade interior do eu possa em algumas circunstâncias ter poder curativo, provavelmente nessas não terá; o dano causado já penetrou fundo demais. Talvez se O e E pudessem unir-se numa única visão, o eu maior de que os dois são partes indispensáveis poderia ser curado da divisão interior que o está destruindo, mas, se isso é verdade, só pode ser verdade, nesse caso, de maneira teórica, já que O não é capaz de abrir-se para essa visão. O filme termina com os dois ainda separados: E observando e O apartado dele, que está horrorizado.

CAPÍTULO XIII.
EH JOE

Joe, o protagonista de *Eh Joe* (1966), primeira peça de Beckett para a TV, é mais um homem em fuga.[1] Assim como Henry, em *Cinzas*, Joe ouve vozes do passado falando dentro dele, nesse caso a voz de uma das diversas mulheres com quem fez amor, e, como O, de *Filme*, ele vem tentando escapar de si mesmo, destruindo as lembranças que mantêm seu passado vivo dentro dele. E novamente como O, ele comete o erro irônico de percorrer o caminho até a própria armadilha que está tentando evitar. Ao silenciar violentamente, uma a uma, as vozes que vem-no assombrando, atormentando-o com lembranças, ele vai retirando sem perceber os véus que o protegem da visão direta daquilo de que ele tenta escapar. A peça o mostra no momento em que essa assustadora verdade está começando a ficar clara para ele. Ele ainda está correndo, e ainda não foi definitivamente pego, mas está começando a perceber que, quando a última voz se calar para sempre, ele será pego. Por conseguinte, se antes ele deliberadamente sufocava todas as vozes anteriores, agora começa a temer o gradual sumiço da voz atual e, quanto mais fraca ela fica durante a peça, em vez de querer que ela suma, se esforça para ouvir as palavras que ainda chegam. Como E em *Filme*, a câmera nessa peça parece representar a percepção que o protagonista tem de si mesmo; ela chega mais perto quando a voz cala, mas para quando a voz fala.

Quando a peça começa, Joe, perto dos sessenta anos e grisalho, está sentado sozinho em seu quarto, na beira da cama, vestido num velho

---

[1] O texto aparece em *Cascando and other Short Dramatic Pieces*. As referências de páginas vêm entre parênteses.

roupão e usando chinelos. Sentado numa "pose absorta" (p. 35), tem a aparência de quem está sendo perseguido. Então se levanta, confere a janela para ter certeza de que não há ninguém do lado de fora, fecha a cortina, vai até a porta e confere-a também, tranca-a, vai até o aparador e faz o mesmo, e chega até a ajoelhar para ver embaixo da cama antes de sentar-se novamente. Claro que essas precauções lhe dão alguma sensação de segurança, porque depois de completá-las ele finalmente consegue começar a relaxar. Isso não dura muito, porém; quando a voz da mulher começa, a tensão imediatamente volta ao seu rosto. Durante o resto da peça, essa visível tensão cede e retorna paralelamente às pausas e retornos da voz.

A voz, que parece conhecer Joe melhor do que ele mesmo – ou talvez, devamos dizer, melhor que o eu consciente dele –, sabe a verdadeira futilidade dessas manobras de Joe e zomba delas: "Pensou em tudo?... Não esqueceu nada?... Agora já está bem, né?... Ninguém está te vendo agora... Por que é que você não apaga a luz? Talvez tenha algum piolho te olhando" (p. 36). Após a câmera se aproximar um pouco mais, ela o recorda de quem ela é e de qual era a relação dela com ele: "O melhor está por vir, você falou, na última vez... Fazendo eu botar meu casaco com pressa" (p. 36-37). Evidente que Joe disse isso para muitas das mulheres que amou e abandonou, já que a voz o recorda, um pouco depois, de como ele disse a mesma coisa para outra garota, que se matou em seguida: "O melhor está por vir, você falou... Tem um bilhete no seu bolso para o primeiro voo da manhã" (p. 39). A expressão que Joe usou de maneira enganadora como meio de manipular suas mulheres agora está voltando para ele, como observa a voz, com um novo sentido não antecipado por ele: após ter destruído todos os relacionamentos que poderiam tê-lo preservado do isolamento que enfim o deixaria à mercê de si mesmo, ele agora está condenado a aguardar precisamente isso. A voz o provoca com a ironia do destino que ele preparou para si: "Pode falar, Joe... fala de novo agora e escute só... O melhor está por vir... Você acertou uma vez... No final" (p. 37).

Então, depois de mais uma aproximação da câmera, ela toca na questão de seu modo de ser na mente dele, deixando claro que mesmo que sua realidade seja mental, ela, mesmo assim, é genuinamente real. Claro que Joe sempre conseguiu fugir de suas vozes convencendo-se de que elas eram apenas mentais e, por isso, poderiam ser desprezadas: "Sabe esse microscópico inferno que você chama de mente... Você acha que é de lá que isto vem, não é?... Foi onde você ouviu seu pai... Começou em você numa noite de junho, e continuou por anos... Indo e voltando... Atrás dos olhos... Foi assim que você acabou sufocando ele... Estrangulamento mental, nas suas palavras... Senão ele ainda estaria te atormentando" (p. 37).

Considerando a persistência das vozes, uma surgindo para substituir a outra, parece que, se elas estão dentro dele, também são independentes dele no sentido de que estão além de seu poder de controlá-las conscientemente e, se a voz dessa mulher é típica, pareceria que elas têm mais poder sobre ele do que ele sobre elas. Claro que as vozes são máscaras usadas por um nível mais profundo de sua mente para chamar a atenção dele para certas verdades a seu respeito que estão ligadas às lembranças que elas representam. Essa mulher, por exemplo, tem como sua mensagem particular o isolamento autocentrado a que o modo de vida de Joe o levou, e essa é uma verdade que ele terá de enfrentar, querendo ou não. "Estrangular os mortos em sua cabeça" (p. 37) não vai destruir a realidade para a qual as memórias vivas dos mortos estão chamando sua atenção. Na verdade, diz ela, quando ele acabar por descobrir que afastou não só todas as pessoas que jamais se importaram com ele, mas também as vozes delas em sua mente, vai descobrir que estar sozinho é o maior horror de todos: "Cuidado, Joe, você vai ficar sem nada... Já pensou nisso?... Eh Joe?... O que você faria se ficasse sem a gente... Sem outra alma para calar... Fica aí nesse velho invólucro fedido ouvindo você mesmo... Esse adorador de sempre... Cada vez mais fraco até nem ter mais um só suspiro" (p. 37).

A própria voz dela, ela o recorda, já foi um dia tão forte em sua mente quanto na vida real, mas agora está "reduzida a isso" (p. 38), uma voz que, de acordo com a didascália, é baixa, distante e incolor, e ela prevê que, à medida que vai sumindo cada vez mais e virando um sussurro, ele vai agarrar-se desesperadamente ao que resta dela: "Quanto tempo mais, você acha?... Até o sussurro... Quando você não consegue ouvir as palavras... Só uma aqui ou ali... Uma ou outra palavra... Forçando para ouvir". A previsão se realiza, claro, antes que a peça acabe; a voz dela gradualmente desaparece, de modo que apenas uma ou outra palavra italicizada soam claramente. É irônico, sugere ela, que quando Joe está "quase em casa" – isto é, sozinho com seu único objeto de adoração, ele mesmo – ele vá agarrar-se a ela, a quem, na vida real, ele rejeitou em favor de seu "Senhor". E ela parece gostar de esfregar na cara dele o fato de que, após ter sido rejeitada por ele, ela encontrou outra pessoa "preferível em todos os aspectos" (p. 39), e o próprio Joe terá de suportar a punição de obter exatamente aquilo que pediu: "Como vai seu Senhor esses dias?... Ainda vale a pena?... Ainda sorvendo ele?... A paixão do nosso Joe... Espera só até Ele começar a falar com você... Quando você tiver acabado com você mesmo... E todos os seus mortos estiverem mortos... Bota os seus estranguladores para fazer isso... Eh Joe?... Já pensou nisso?" (p. 39). O que ela quer dizer obviamente é que, quando Joe conseguir libertar-se de uma vez por todas das lembranças que constituíram aquilo que ele pensou a vida toda, o tipo de identidade a que O associou suas fotografias em *Filme*, ele vai descobrir que o verdadeiro centro do seu eu é tão difícil de enfrentar quanto E era para O.

À medida que a voz da mulher vai sumindo, a peça termina com uma descrição, em pungente detalhe, do suicídio da outra garota. "Houve quem te amasse", diz ela, atormentando-o com a oportunidade há muito rejeitada e agora irrevogavelmente perdida de ter um relacionamento que, a julgar pela força da paixão da garota por ele, poderia ter durado, e que, se tivesse, poderia tê-lo protegido do fim que agora irresistivelmente se aproxima.

CAPÍTULO XIV.
VISÃO GERAL

Agora que examinamos cada uma das peças de Beckett numa ordem que basicamente corresponde à sua cronologia, aonde isso nos trouxe? Ao fim de um estudo sobre os romances de Beckett talvez não parecesse necessário fazer essa pergunta; nos romances, há uma clara linha de desenvolvimento que gradualmente revela as implicações de certas ideias-chave. À medida que o leitor passa da primeira ficção à última, ele vê cada obra como um passo lógico de um processo de pensamento e, quando chega ao final, em *O Inominável* e em *Como É*, ele sabe onde está e como chegou ali. As peças, porém, fazem parte de um padrão bem diferente. Em vez de desenvolver-se numa linha contínua segundo a lógica interna de um conjunto de ideias, elas ficam dando voltas em torno de um problema central, tentando descrever todos os lados dele. Esse problema é o sentido da vida humana: o que é, como se tornou o que é, e o que pode tornar-se.

Essas questões não são inteiramente diferentes daquelas estudadas pelos romances, mas há uma importante diferença de ênfase. Os romances tendem a concentrar-se na necessidade do homem de saber e na frustração inevitável dessa necessidade causada pela insuficiência dos sistemas filosóficos com os quais ele pretende satisfazê-la. Os vários protagonistas da ficção são todos homens que em algum momento estudaram tradições de pensamento sistemático e que ou ainda penam sob a ilusão de que podem encaixar suas ideias na realidade, ou então que recentemente passaram por um processo lento e doloroso de desilusão com o conhecimento. A descrição de Molloy de seu *background* intelectual apresenta um retrato bastante típico: "Sim, cheguei a me interessar por astronomia, não vou negar. Depois, foi a geologia que matou alguns dos meus anos. O pé no saco seguinte foram a antropologia e as outras disciplinas, como a psiquiatria, que estão conectadas a ela, desconectadas, depois conectadas de novo, segundo as últimas descobertas".[1]

Alguns, como Molloy, parecem ter sido acadêmicos profissionais em algum momento, ao passo que outros, como Moran, são amadores, porém quase todos eles colocaram em suas especulações filosóficas e teológicas a intensidade apaixonada daqueles para quem o entendimento não é um mero luxo, mas uma questão de vida e morte. Aquilo que os romances pretendem mostrar acima de tudo é o colapso dos padrões em que esses homens colocam suas esperanças e a angustiante frustração em que isso os joga. Esses personagens recapitulam em suas próprias vidas a história do pensamento humano contada na introdução deste livro, a história das fúteis tentativas do homem de reduzir o ser a uma ideia.

As peças também dão atenção à necessidade do homem de saber e, em alguns casos – *Esperando Godot*, por exemplo –, esse é quase o assunto inteiro da peça, mas no conjunto esse não é seu assunto principal. Foi provavelmente por isso que Beckett disse em Berlim, em 1967, enquanto se preparava para dirigir uma produção de *Fim de Partida*, que a maneira de entender suas peças é falar "não de filosofia, mas de situações".[2] As peças são explorações do sentido da vida humana em sua realidade plena, e esse sentido não é uma ideia abstrata do tipo que pode ser conhecido objetivamente com o intelecto, mas um mistério vivido com o eu total. Por isso, embora tratem, em parte, de problemas filosóficos, elas estão ainda mais interessadas na psicologia – usando esse termo num sentido bastante amplo – de indivíduos concretos. Elas tomam situações e perscrutam-nas a fim de revelar a realidade humana que jaz em suas profundezas. Ao fazê-lo, as peças

---

[1] *Molloy*, p. 52.
[2] "Nicht über Philosophie, sondern über Situationen". In: George Hensel, *Samuel Beckett*, p. 43.

tendem a enfatizar uma de duas abordagens: análise ou exploração. Isto é, elas tendem ou a concentrar-se na situação presente e nas causas que a produziram, ou a examinar não apenas isso, mas também o processo de desenvolvimento que está acontecendo na situação presente e levando além dela. A medida em que uma abordagem é enfatizada em detrimento da outra é uma questão de grau. Algumas peças voltam-se quase totalmente para o presente e para o passado e não veem qualquer futuro que possa ser diferente de qualquer maneira significativa; algumas veem mudanças acontecendo, mas com pouca ou nenhuma esperança de que elas venham a dar fruto algum dia; e outros olham principalmente para um futuro que, ainda que desconhecido e perturbador, mostra sinais promissores.

As peças que enfatizam a análise estudam uma situação fixa, ou ao menos relativamente estável. Não há praticamente nenhuma esperança de mudança, seja porque a situação é inevitável por natureza, seja porque os padrões de hábito que a causaram e que lhe dão forma ficaram sólidos demais para admitir perturbações. E às vezes parece que as duas causas estão presentes simultaneamente. *Ato sem Palavras II* e *Vai e Vem*, por exemplo, retratam situações que parecem simultaneamente inevitáveis e habituais. Na primeira, o aguilhão parece ser parte da natureza mesma das coisas, ao passo que os hábitos de vida daqueles afetados pelo aguilhão variam de acordo com o indivíduo. Na segunda, a solteirice das três mulheres parece o resultado tanto de uma falta de oportunidade quanto de uma habitual timidez de espírito que as teria impedido de aproveitar alguma oportunidade que pudesse ter aparecido. Nos dois casos, porém, já que as peças são muito breves, a ênfase tem de recair naquilo que é fixo. Simplesmente não há espaço para considerar a possibilidade de alternativas.

Comédia é mais longa e mais complicada, mas novamente a ênfase recai naquilo que, na situação, é fixo. Vemos apenas aquilo que os personagens são, não como eles se tornaram o que são, e, por conseguinte, não dispomos de informações sobre possibilidades que algum dia lhes tenham sido abertas. Sabemos apenas que eles estão trancados para sempre em padrões de pensamento e vontade que são a continuação direta daqueles que governaram suas vidas terrenas. Em *Eh Joe*, igualmente, o protagonista parece nunca ter sido muito diferente da pessoa que é quando o vemos, e não há nenhuma razão particular para supor que ele venha a ser algum dia. Quando suas vozes somem de vez, deixando-o sozinho consigo mesmo, parece que a mudança em sua situação será aproximadamente a dos três personagens de *Comédia* após suas mortes – isto é, não haverá nenhuma mudança essencial. Ele sempre ficou isolado num estreito interesse por si próprio e provavelmente assim continuará.

A Última Gravação de Krapp e *Cinzas* mostram como uma pessoa se torna um Joe por meio de escolhas feitas ao longo de muito tempo. O quão livres foram as escolhas dos personagens é, contudo, um outro problema: elas podem ter sido determinadas por fraquezas intrínsecas irresistíveis em suas naturezas. E o quanto uma abordagem diferente da vida seria boa para eles também é incerto. A situação de uma pessoa é uma combinação do que ela é e do que seu mundo é. Se a pessoa escolhe apartar-se da vida por egocentrismo, por minúcias intelectuais, por timidez ou por preguiça, o mundo não lhe trará nada de bom, por mais que, por si mesmo, possa ser um lugar agradável. Mas se o mundo não tem nada a oferecer, estar aberto a ele também não trará nada de bom. Talvez Krapp tivesse encontrado alguma distração da solidão se tivesse escolhido aquietar-se com alguma de suas mulheres, porém se ela tivesse ficado como a Ada de Henry, ele talvez viesse a desejar ter ficado em sua velha sala, com suas gravações. Se a vida não tem profundezas, uma pessoa que deseje vivê-la profundamente estará fadada à frustração, não importando que escolha faça.

Todos os que Caem apresenta um mundo maior e mais variado do que aqueles em que Krapp e Henry vivem, mas ainda assim a situação não é especialmente distinta. Há mais pessoas, de modo que vemos uma gama maior de escolhas individuais, mas, na maior parte dos casos, o objeto da escolha é essencialmente o mesmo. A maior parte dos homens e das mulheres em Boghill, apesar de trilharem seus próprios caminhos, perseguem todos o mesmo objetivo: viver na superfície da vida, confortáveis em suas ilusões de dignidade, de poder e de posses. Poucos ficam insatisfeitos com essa vida superficial e enxergam além das ilusões que a sustentam, mas só para descobrir, para seu desespero, o vazio que há por trás. Dan e Maddy Rooney, apesar de todas as diferenças em suas atitudes básicas em relação à vida, chegam à mesma desilusão, e ambos são destruídos por ela. Uma pessoa que quisesse uma vida de maior profundidade do que aquela de Boghill não tem como saber onde encontrá-la. A liberdade só seria liberdade para voltar-se para longe daquilo que existe e em direção a uma esperança não apenas sem possibilidades, mas também sem qualquer forma definida.

É similar a situação dos personagens de *Esperando Godot*. Eles estão diante de uma escolha entre um sentido ilusório e a visão da ausência de sentido. Como eles não parecem capazes de suportar essa última por mais do que alguns instantes, porém, eles parecem ainda menos livres do que Dan e Maddy. A compulsão de Pozzo de continuar indo adiante e o recuo de Vladimir para a ilusão de esperar por Godot parecem ambos nascer de uma tendência irresistível inerente à natureza humana: a necessidade de sentido. Ainda assim, será que a liberdade de escolher enfrentar a visão da ausência de sentido lhes serviria para alguma coisa? Não há nada na peça que indique que serviria, e se *Todos os que Caem* pode ser tomado como desdobramento das implicações de *Godot*, parece que certamente não serviria. A lucidez não serve para muita coisa se só faz levar ao desespero.

Em nenhuma das peças examinadas anteriormente há qualquer indício de que uma vida diferente daquela escolhida pelas personagens, ou a que foram forçados pela natureza ou pela circunstância, tenha algum dia sido uma possibilidade do ponto de vista prático. Duas outras peças, ainda que não tentem descrever modos alternativos de vida em qualquer detalhe, deixam aberta a possibilidade de que algumas alternativas não necessariamente levariam a um beco sem saída. Em *Letra e Música*, Croak considera a possibilidade de que uma vida com a mulher em sua canção, ou com alguém como ela, teria sido preferível à vida solitária que viveu, e como não há nada na peça que explícita ou implicitamente negue essa possibilidade, como havia em *A Última Gravação de Krapp* e em *Cinzas*, a esperança não é excluída. A possibilidade é simplesmente examinada, não julgada. Em *Ato sem Palavras I*, o homem no deserto finalmente parece aprender com todas as suas frustrações a ter uma resignação estoica que talvez possa libertá-lo de parte da dor do desejo insatisfeito. Não podemos enxergar dentro dele, já que não há diálogo em que os mecanismos de sua vida interior sejam revelados, mas ao final ele parece ter desenvolvido uma força interior que lhe dá uma certa serenidade. As duas peças apontam para direções diferentes em busca de soluções para os problemas de como viver, no entanto ambas permanecem abertas à possibilidade de haver ao menos uma solução parcial.

As peças de exploração vão mais fundo nesse problema e o examinam em maior detalhe. Como as peças de análise, elas tratam de situações que assumiram uma certa forma graças a escolhas ou às circunstâncias, e estão interessadas em determinar tanto o formato quanto suas causas, mas as situações que elas estudam também contêm elementos de instabilidade graças a obscuros processos de mudança que estão ocorrendo em alguns personagens. Essas mudanças não estão sujeitas ao controle dos personagens nos quais elas emergem; elas parecem completamente inesperadas e, na verdade, completamente contrárias aos desejos dos personagens. Um personagem parece livre para resistir à mudança ou para cooperar com ela, mas ele basicamente só tem essa liberdade.

Saber aonde levam esses processos de mudança é uma questão difícil, especialmente porque nunca vemos um processo que tenha chegado a seu objetivo. Como sugerido pelo contraste entre *Ato sem Palavras I* e *Letra e Música*, parece haver duas alternativas possíveis: o isolamento e a comunhão. Elas parecem mutuamente excludentes, mas como vimos o processo de mudança apenas em seus estágios relativamente iniciais, não temos como saber como os dois polos acabariam por relacionar-se. Talvez eles convergissem. De todo modo, a mudança envolve o desenvolvimento de um modo mais autêntico e individual de ver a realidade, e é evidente que a retirada do mundo do pensamento coletivo seria uma preliminar necessária disso. Para ver a realidade tal como ela é, uma pessoa teria de vê-la com seus próprios olhos e sem a mediação de ideias preconcebidas que foram fabricadas pela mente das massas mais para obscurecer a realidade do que para iluminá-la. Como essa retirada seria, porém, de uma falsa comunidade dedicada a uma vida de ilusão, ela na verdade envolveria a rejeição não da comunhão em si, mas apenas de uma imitação superficial dela. Por isso, o mesmo isolamento que é necessário para que se cresça na visão da realidade também seria obrigatório para o desenvolvimento da comunhão autêntica: os homens vão unir-se na verdade, ou vão unir-se na mentira.

Isso, de qualquer jeito, é uma projeção possível da linha de desenvolvimento, cujos inícios vemos nas peças de exploração. O objetivo último do processo que elas descrevem, porém, está na distância, muito além do território que elas cobrem, e sua revelação completa, se é que acontecerá, só poderá vir em peças que Beckett ainda não escreveu. Nesse meio tempo, só podemos especular um pouco, com cuidado, e cuidar daquilo que ele nos deu: uma imagem dos estágios iniciais do processo.

Em *Dias Felizes* e em *Filme* a mudança que acontece nos personagens centrais envolve a emergência desde dentro de novos olhos que veriam a vida de um novo jeito, mas nos dois casos a mudança enfrenta resistência e por isso o processo é abortado. Winnie percebe o que está acontecendo, mas fica perturbada e prefere adiar o término do processo: "Flutuam olhos que parecem fechar-se em paz... ver... em paz. ... Não os meus... Não agora... Não, não" (*Dias Felizes*, p. 51). Em *Filme*, O é perseguido por um olho interior, E, que é muito mais insistente do que aquele que Winnie sentiu emergir, mas ao qual ele resiste com força e horror proporcionalmente maiores.

Em *Cascando* e em *Fim de Partida*, por outro lado, ainda que os personagens em que a mudança está ocorrendo estejam tão perturbados por essa mudança quanto Winnie e O, eles estão mais inclinados a cooperar. Clov coopera, ou parece cooperar, de maneira bastante hesitante, e o narrador de Woburn, de modo bem mais determinado, mas ambos estão ao menos parcialmente dispostos a deixar-se levar pela mudança aonde quer que ela os leve, seja para a morte, seja para uma nova vida. Nenhuma das peças, porém, seguem-na até muito longe, talvez porque o próprio autor ainda não esteja certo da natureza precisa do objetivo último a que seus caminhos levam. Quando, em 1967, perguntaram a Beckett se, no contexto de sua produção de *Fim de Partida*, ele achava que algum autor teria a solução para o enigma de sua peça, ele respondeu: "Não para o dessa peça".[3]

Pode haver muitas razões pelas quais Beckett diria que não tem uma resposta para o enigma de *Fim de Partida*. É claro que algo novo está acontecendo em sua peça, assim como nas outras peças de exploração, no entanto, para saber de alguma maneira substancial do que se trata, talvez seria necessário trilhar esse caminho. E, mesmo assim, dizer de maneira explícita aonde o caminho leva talvez fosse impossível, porque isso seria uma visão e uma vida totalmente além da "cópula e volição". Isso ao menos é o que as pistas dadas parecem sugerir. Não seria uma resposta que poderia ser formulada porque não seria tanto uma coisa para a qual se olha, e sim algo que se é. Se é esse o caso, isso significaria que a resposta demandaria uma transformação interior da pessoa que a encontrasse, uma transformação que teria aspectos tanto filosóficos quanto morais ou psicológicos.

---

[3] "Der dieses Spieles nicht". Ibidem, p. 44.

Isso, é evidente, nos leva a uma questão talvez indiscreta e cuja resposta detalhada talvez fosse ainda mais indiscreta: a relação entre a arte de Beckett e sua vida. Ao mesmo tempo, trata-se de uma questão que não podemos simplesmente ignorar. Se suas peças são explorações da realidade e não meras abstrações hipotéticas – e há poucas peças em toda a história da literatura que têm um sentimento maior de urgência e de seriedade – então elas devem estar tratando da realidade da vida concreta. Por outro lado, porém, provavelmente seria não apenas arriscado como também enganoso tentar associar personagens e acontecimentos nos textos de Beckett com pessoas e eventos de sua própria vida. Pode haver algumas relações desse tipo – Mãe Pegg em *Fim de Partida* como paralelo de Peggy Guggenheim, na vida de Beckett, é uma associação sugestiva, assim como a similaridade entre a fotografia número dois descrita no texto de *Filme* e uma fotografia real de Beckett menino ajoelhado aos joelhos da mãe[4] – mas não há nada que elas possam dizer-nos que não fosse extemporâneo. A relação entre as obras de Beckett e sua própria vida é provavelmente mais semelhante àquela entre os personagens e as histórias que eles contam. As histórias de Hamm, de Winnie, de Croak, de Henry, do Abridor em *Cascando*, e até de Krapp, cuja *Effie* não nos é descrita mas que pareceria ter alguma relação com a Effie real que Krapp conheceu, todas parecem numa certa medida baseadas em eventos reais nas vidas de seus autores ou ao menos envolver alguma projeção do autor em seu protagonista, mas a verdadeira função dessas histórias não é listar os eventos importantes da vida do autor: é revelar o caráter desse protagonista. Que Winnie foi realmente atacada em sua infância por um rato como aquele que ataca Millie seria em si mesmo insignificante mesmo que sua veracidade pudesse ser provada; o que isso mostra de importante, porém, é o medo que ela sente da destruição que viria se ela fosse vista sem suas coberturas protetoras. A realidade na vida de Winnie refletida por essa história é a ameaça de ser vista pelos olhos de dentro. Igualmente, a historicidade da história

---

[4] Ver nota 7 do capítulo XII.

de Hamm da noite de Natal é menos importante do que a verdade presente para que ela aponta: seu ódio da vida.

Podemos igualmente concluir que o elemento significativo na relação entre a obra e a vida de Beckett não será encontrado no paralelismo de incidentes, mas no sentido corporificado pelas histórias. Ao estudar os personagens que cria, Beckett está estudando o coração do homem – que também é o seu próprio coração. Isso significa que ele não está escrevendo de maneira distante e hipotética, distanciado de seu artefato, mas que está intimamente envolvido tanto na demanda realizada por seus personagens quanto nas fraquezas que os impedem de levá-la a termo.

Então talvez uma razão pela qual Beckett não teria uma resposta para seu próprio enigma é que ele mesmo não chegou ao ponto em que aquele que busca poderia transformar-se naquela resposta.

Mas será que não podemos ter nenhuma ideia do que estaria envolvido nessa transformação? E a respeito de seu aspecto filosófico? Aqui também estamos em território difícil, pois a resposta para a qual Beckett aponta pareceria estar completamente além do modo teórico e conceitual de conhecimento e, portanto, além da filosofia. Isso significa que a jornada até a resposta só envolveria a filosofia no sentido de que ela analisaria o pensamento filosófico para encontrar uma saída dele e deixá-lo para trás.

Para ver o que isso implicaria, consideremos novamente o problema filosófico discutido no primeiro capítulo. Nele vimos que a história da filosofia ocidental, dos pré-socráticos até hoje, consistiu amplamente de tentativas repetidas de encaixar algum sistema metafísico na realidade. O colapso de cada um desses sistemas diante do exame crítico de outros filósofos, que, como se já não fosse irônico o bastante, e para piorar tudo, muitas vezes estavam apenas tentando tapar as lacunas que ficaram num sistema efetivamente valorizado por eles, levou repetidas vezes ao *Angst* [angústia] nascido da sensação combinada de desenraizamento, nostalgia, impotência e desespero. Nossa própria época sente esse *Angst* com particular intensidade, sendo talvez o primeiro período da história que, em vez de tentar fugir do desconforto disso para um novo sistema, está lançando um olhar crítico não só para os sistemas fracassados, mas também para o próprio ideal em si do entendimento sistemático. Isso significa que nossa situação filosófica atual é, de modo especial, dolorosa e talvez potencialmente, de maneira única, frutífera. Que agora estejamos questionando a própria construção de sistemas nos coloca pela primeira vez na posição de tomar consciência de todos os pressupostos anteriormente inconscientes que nos levaram a buscar o sistema como ideal cognitivo porque eles envolviam a suposição de que o ser enquanto tal era uma espécie de sistema. Referirei a visão baseada nesses pressupostos pelo essencialismo.

Quais são esses pressupostos? O pressuposto fundamental, acho eu, é que o ser enquanto tal tem a estrutura da lógica formal. Isso está implícito no ideal aristotélico do conhecimento como *"cognitio certa per causas"*: conhecemos verdadeiramente uma coisa quando conhecemos a rede de causas a que ela pertence e, quando sabemos isso, podemos proceder por inferência da coisa ou acontecimento particular para outros componentes do sistema. Na forma em que isso se desenvolveu em nossa tradição, isso foi intimamente associado à ideia de que a estrutura ontológica de um ente particular tem uma forma fixa, a essência, que determina todas as características e atividades do ente de acordo com uma necessidade interior; a essência é a garantia da previsibilidade do ente e, por conseguinte, do sistema do qual ele constitui uma parte. Uma das formas mais claras dessa abordagem da metafísica está no pensamento de Leibniz, para quem toda relação causal envolvia uma conexão lógica necessária, e que julgava que um conhecimento exaustivo da essência de qualquer ente envolveria o conhecimento não apenas do que ele é agora, mas também de todos os seus estados futuros, até o fim dos tempos. Isso pode parecer extremo, mas é apenas a conclusão lógica dos pressupostos essencialistas.

Eu não gostaria de dizer que o essencialismo é a única forma possível de empreendimento metafísico – afinal, o futuro pode nos reservar muitas surpresas –, mas ele foi tão dominante na tradição metafísica da filosofia ocidental até recentemente que muitos filósofos presumiram e ainda presumem que a metafísica e o essencialismo são idênticos.

É significativo que, ao tentar definir metafísica, Charles Sanders Peirce tenha dito que "a metafísica consiste nos resultados da aceitação absoluta dos princípios lógicos não apenas como tendo validade regulatória, mas como verdades do ser".[5] Nessa afirmação, Peirce tornou extraordinariamente claro o pressuposto essencialista fundamental, mas o fato de ele ter apresentado isso como uma definição não apenas de uma forma de metafísica, mas da metafísica em si, também mostra como é difícil conceber uma abordagem do estudo do ser que não tenha orientação essencialista.

Nos últimos séculos ficou cada vez mais difícil continuar a confiar nesses pressupostos, mas para aqueles em tempos anteriores, que achavam mais fácil confiar neles, eles ofereceram diversos confortos, cuja perda levou a um grande desconforto nos Roquentins e Vladimirs da literatura moderna. O essencialismo ao menos teve a vantagem de domesticar o universo do ser, de mapeá-lo e etiquetá-lo conceitualmente, de modo que, depois de nos familiarizarmos com o mapa e aprendermos alguns dos nomes contidos nele, pudemos dizer "pote, pote" e ficar confortados. Enquanto podíamos fazer isso, a linguagem era a nossa casa, e não uma prisão, mas esse modo de pensar e de ver não é mais tão simples como antes. Para alguns, entre os quais aparentemente contam-se Beckett e os mais sensíveis de seus personagens, isso se tornou impossível. Não sei o quanto Beckett leu de Ludwig Wittgenstein, mas acho que ele teria simpatia pela descrição dada por Wittgenstein em *Philosophical Investigations* [Investigações Filosóficas] do modo como as formas

---

[5] *The Collected Papers of Charles Sanders Peirce*. Eds. Charles Hartshorne e Paul Weiss. Cambridge, MA, Harvard University Press, 1960, vol. 1, § 487.

conceituais corporificadas na linguagem podem impedir uma visão direta da realidade: "Uma imagem nos manteve presos. E não podíamos sair dela, porque ela estava em nossa linguagem, e nossa linguagem parecia repeti-la para nós inexoravelmente".[6] E suspeito que Beckett também seria simpático à ideia, à qual Wittgenstein retorna com tanta frequência, de que a filosofia é uma espécie de terapia que tenta produzir as condições para o silêncio, e então descobre que seu sucesso está não na solução de um problema, mas no desaparecimento do problema. Assim, igualmente, quando estudamos filosofia dentro do contexto dos romances e das peças de Beckett, é apenas com o propósito de varrer para longe a filosofia.

Varrer para longe a filosofia, porém, não é algo que possa ser feito com muita facilidade, pois isso demandaria que rejeitássemos seus confortos e também suas frustrações. O *Angst* filosófico do século XX é em parte um desapontamento com o colapso do ideal do empreendimento essencialista, o banzo daqueles que têm saudade dos bons tempos das velhas perguntas e das velhas respostas, os dias em que os potes eram potes, e é também em parte a raiva frustrada daqueles que desejam libertar-se da rede de conceitos, mas que, por causa da persistência de velhos hábitos, veem que a cada passo ficam novamente enredados. De fato, muitas vezes as duas atitudes estão simultaneamente presentes, como no caso de Lucky em *Godot*, cujo monólogo é um aspecto da armadilha mesma com que ele dramatiza sua frustração na dança que chama de "A Rede". É provavelmente porque Beckett retrata essa angústia que ele ganhou a fama de ser um escritor triste e desesperado, mas embora Beckett represente isso, sua visão não se limita a isso; ela vai além, indo na direção da visão direta e do silêncio interior pelo qual tantos de seus personagens anseiam e tanto temem.

Acho que ver a preocupação filosófica das obras de Beckett nesse contexto mais amplo, e também ver a ambiguidade da resposta que

---

[6] Trad. G. E. M. Anscombe. Nova York, Macmillan, 1953, § 115.

ela evoca tanto em suas obras como em nossa cultura como um todo, pode ajudar-nos a entender mais claramente em que consistiria a transformação para a qual ele aponta e por que ela teria aspectos tanto morais quanto filosóficos. Ela seria filosófica na medida em que demandaria um pensamento cuidadoso a serviço da clareza da mente, mas como ela culminaria não numa mudança naquilo que se vê, mas em um novo modo de ver, ela também demandaria o rompimento de todos os hábitos que apoiavam a velha visão. Os olhos que sobem das profundezas do ser de Winnie em *Dias Felizes*, os olhos que buscam O em *Filme*, e os olhos que veriam as estrelas em *Cascando* são os verdadeiros olhos dos personagens representados e, portanto, eles não podem parar de buscá-los, mas não serão capazes de abrir-se e ver até que os personagens abandonem as ilusões e os hábitos de fuga com os quais equivocadamente identificaram suas próprias vidas. A crítica moral indiretamente apresentada pelas peças é uma análise das fugas que inibem a visão autêntica. De fato, pode-se dizer que, em todas as obras de Beckett, a filosofia é simplesmente um aspecto da psicologia dos personagens. O ego, com todos os seus hábitos de distorcer a realidade ou de tentar impor-se a ela, é mais uma tela, como a tela de conceitos e de raciocínio (a qual torna-se, ela própria, um dos mecanismos do ego), que se interpõe entre os verdadeiros olhos e a percepção direta do ser. Nas diversas peças vemos esses padrões de hábitos em diferentes estágios de dissolução ou de congelamento, dependendo do caso. Onde há uma possibilidade de eles poderem finalmente dissolver-se e desaparecer, o interesse disso para a peça é que os personagens nos quais isso está ocorrendo possam, por meio desse processo de morte e liberação interior, tornar-se, enfim, eles mesmos. Tornar-se eles mesmos é o passo essencial para ver com seus próprios olhos, e isso, por sua vez, é a única coisa que pode levá-los à visão e ao silêncio diretos, uma paz que, literalmente, eludiria o humano entendimento porque seria a própria imediatez de suas vidas – a verdade de seus próprios corações, o amor de seus próprios corações, o ódio de seus próprios corações.

LISTA DE PRIMEIRAS MONTAGENS

Esta lista está em ordem cronológica por peça e traz datas, lugares e diretores das primeiras montagens das versões francesas e inglesas das peças. Também são indicadas as primeiras montagens dos textos em outros idiomas.

En Attendant Godot: Paris, Théâtre de Babylone, direção de Roger Blin, 5 de janeiro de 1953. *Waiting for Godot*: Londres, Arts Theatre Club, direção de Peter Hall, 3 de agosto de 1955.

All that Fall: Londres, BBC, direção de Donald McWhinnie, 13 de janeiro de 1957. *Tous Ceux qui Tombent*: Paris, O. R. T. F., direção de Alain Trutat, 19 de dezembro de 1959.

Fin de Partie: Londres, Royal Court Theatre, direção de Roger Blin, 3 de abril de 1957. *Endgame*: Nova York, Cherry Lane Theater, direção de Alan Schneider, 28 de janeiro de 1958.

Act without Words: Londres, Royal Court Theatre, dirigida e estrelada por Deryk Mendel, 3 de abril de 1957.

Krapp's Last Tape: Londres, Royal Court Theatre, direção de Donald McWhinnie, 28 de outubro de 1958. *La Dernière Bande*: Paris, Théâtre Récamier, direção de Roger Blin, 22 de março de 1960.

Embers: Londres, BBC, direção de Donald McWhinnie, 24 de junho de 1959.

Act without Words II: Londres, Institute of Contemporary Arts, direção de Michael Horovitz, 25 de janeiro de 1960.

Happy Days: Nova York, Cherry Lane Theatre, direção de Alan Schneider, 17 de setembro de 1961. *Oh, les Beaux Jours*: Paris, Odéon-Théâtre de France, direção de Roger Blin, 29 de outubro de 1963.

Words and Music (música de John Beckett): Londres, BBC, direção de Michael Bakewell, 13 de novembro de 1962.

Play: montada primeiro em alemão como *Spiel*: Ulm, Ulmer Theater, direção de Deryk Mendel, 14 de junho de 1963. *Play*: Nova York, Cherry Lane Theater, direção de Alan Schneider, 4 de janeiro de 1964. *Comédie*: Paris, Pavillon de Marsan, direção de Jeane-Marie Serreau, 14 de junho de 1964.

Cascando: Paris, O. R. T. F., direção de Roger Blin, 13 de outubro de 1963. Londres: BBC, direção de Donald McWhinnie, 6 de outubro de 1964.

Film: direção de Alan Schneider, estrelando Buster Keaton, Festival de Cinema de Veneza, 4 de setembro de 1965.

Come and Go: montada primeiro em alemão como *Kommen und Gehen*: Berlim, Werkstatt des Schiller-Theaters, direção de Deryk Mendel, 14 de janeiro de 1966. *Va et Vient*: Paris, Odéon-Théâtre de France, direção de Samuel Beckett, 28 de fevereiro de 1966. *Come and Go*: Dublin, Peacock Theater, direção de Edward Golden, 28 de fevereiro de 1968.

Eh Joe: montada primeiro em alemão como *He, Joe*: Süddeutscher Rundfunk, direção de Samuel Beckett, 13 de abril de 1966. *Eh Joe*: Londres, BBC, direção de Alan Gibson, 4 de julho de 1966.

Breath: Nova York, Eden Theatre, 16 de junho de 1969.

BIBLIOGRAFIA

A bibliografia é dividida em duas seções. A primeira é uma lista em ordem cronológica das principais edições francesas, britânicas e americanas das peças de Beckett.

A segunda seção é uma lista selecionada de obras críticas que se restringe às obras que julgo que seriam úteis para alguém interessado em aprofundar seus estudos das peças de Beckett. Não listo separadamente artigos em edições especiais ou coleções. Há uma lista de fontes biográficas e críticas dos romances na bibliografia de meu livro anterior, *Samuel Beckett: A Study of His Novels* [Samuel Beckett: Um Estudo de Seus Romances] (Seattle, University of Washington Press, 1970; Londres, Peter Owen, 1970). Àquela lista de fontes biográficas agora se deve acrescentar John Calder (ed.), *Beckett at 60*; James Knowlson (ed.), *Samuel Beckett: An Exhibition*; e Alec Reid, *All I Can Manage, More than I Could*, os três incluídos na lista abaixo. Para mais informações bibliográficas o leitor deve procurar a bibliografia crítica *Samuel Beckett: His Works and His Critics*, de Raymond Federman e John Fletcher (Berkeley e Los Angeles, University of California Press, 1970). Para um material mais recente, há, é claro, a bibliografia anual do *PMLA*, em que Beckett aparece na seção de autores franceses.

Principais edições das peças de Beckett em ordem cronológica:

En Attendant Godot. Paris: Éditions de Minuit, 1952. Edição crítica, anotada por Germanine Brée e Eric Schoenfeld, publicada em Nova York pela Macmillan, em 1963.

Waiting for Godot. Trad. Samuel Beckett. Nova York: Grove Press, 1954. Londres: Faber and Faber, 1956. Tradução de *En Attendant Godot*.

Fin de Partie e *Acte sans Paroles*. Publicadas em um volume. Paris: Éditions de Minuit, 1957.

All that Fall. Londres: Faber and Faber, 1957. Nova York: Grove Press, 1957. Republicado em *Krapp's Last Tape and other Dramatic Pieces*. Nova York: Grove Press, 1960.

Tous Ceux qui Tombent. Trad. Robert Pinget e Samuel Beckett. Paris: Éditions de Minuit, 1957. Tradução francesa de *All That Fall*.

Endgame e *Act without Words*, ambas traduzidas por Samuel Beckett e publicadas em um volume. Nova York: Grove Press, 1958. Londres: Faber and Faber, 1958. Traduções de *Fin de Partie* e de *Actes sans Paroles*.

Krapp's Last Tape, *Evergreen Review*, II, n. 5 (verão, 1958), 13-24. Republicada em *Krapp's Last Tape and other Dramatic Pieces*, 1960.

Embers, *Evergreen Review*, III, n. 10 (novembro-dezembro, 1959), 24-41. Republicada em *Krapp's Last Tame and other Dramatic Pieces*, 1960. Peça radiofônica.

La Dernière Bande e *Cendres*. Ambas publicadas em um volume. *La Dernière Bande* foi traduzida por Pierre Leyris e Samuel Beckett, *Cendres* por Robert Pinget e Samuel Beckett. Paris: Éditions de Minuit, 1959. Traduções de *Krapp's Last Tape* e de *Embers*.

Act without Words II. Traduzida do francês por Samuel Beckett, *New Departures*, n. 1 (verão, 1959), p. 89-91. Republicada em *Krapp's Last Tape and other Dramatic Pieces*, 1960.

Happy Days. Nova York: Grove Press, 1961. Londres: Faber and Faber, 1962.

Words and Music, Evergreen Review, VI, n. 27 (novembro-dezembro, 1962), 34-43. Republicada em *Cascando and other Short Dramatic Pieces*. Nova York: Grove Press, 1968.

Cascando, Evergreen Review, VII, n. 30 (maio-junho, 1963), 47-57. Republicada em *Cascando and other Short Dramatic Pieces*, 1968.

Oh les Beaux Jours. Trad. Samuel Beckett. Paris: Éditions de Minuit, 1963. Tradução de *Happy Days*.

Play. Londres: Faber and Faber, 1964. Aparece em *Cascando and other Short Dramatic Pieces*, 1968.

Comédie. Trad. Samuel Beckett. *Lettres Nouvelles*, XII (junho-julho--agosto, 1954), 10-31. Tradução de *Play*.

Comédie et Actes Divers. Paris: Éditions de Minuit, 1966. Reunião de peças teatrais: *Comédie, Va et Vient, Cascando, Paroles et Musique, Dis Joe, Actes sans Paroles II*.

Come and Go: A Dramaticule. Londres: Calder and Boyars, 1967. Aparece em *Cascando and other Short Dramatic Pieces*, 1968.

Film. Em *Cascando and other Short Dramatic Pieces*, 1968. Publicada separadamente pela Grove Press em 1969.

Eh Joe. Em *Cascando and other Short Dramatic Pieces*, 1968.

CRÍTICA SELECIONADA:

ALPAUGH, David J. "Negative Definition in Samuel Beckett's *Happy Days*". *Twentieth Century Literature*, XI (1966), 202-10.

ASHMORE, Jerome. "Philosophical Aspects of Godot". *Symposium*, XVI (1962), 296-306.

BENSKY, Roger. "La Symbolique du Mime dans le Théatre de Beckett". *Lettres Nouvelles*, setembro/outubro, 1969, p. 157-63.

BROWN, John Russel. "Mr. Beckett's Shakespeare". *Critical Quarterly*, V (1963), 310-26. Sobre *Waiting for Godot*.

CALDER, John (ed.). *Beckett at 60: A Festschrift*. Londres: Calder and Boyars, 1967.

CHEVIGNY, Bell G. (ed.). *Twentieth Century Interpretations of Endgame*. Englewood Cliffs, NJ: Prentice Hall, 1969.

COHEN, Robert S. "Parallels and the Possibility of Influence between Simone Weil's *Waiting for God* and Samuel Beckett's *Waiting for Godot*". *Modern Drama*, VI (1964), 425-36.

COH, Ruby. *Samuel Beckett: The Cosmic Gamut*. New Brunswick, NJ: Rutgers University Press, 1962.

____ (ed.). *Modern Drama*, IX (dezembro, 1966), 237-346. Edição especial sobre Beckett.

____ (ed.). *Casebook on Waiting for Godot*. Nova York: Grove Press, 1967.

CURNOW, D. H. "Language and Theatre in Beckett's 'English' Plays". *Mosaic*, II, n. 1 (1968), 54-65.

DAVIE, Donald. "Kinds of Comedy". *Spectrum*, II (inverno, 1958), 25-31. Sobre *All that Fall*.

DUKORE, Bernard F. "The Other Pair in *Waiting for Godot*". *Drama Survey*, VII (1969), 133-37.

DRIVER, Tom F. "Beckett by the Madeleine". *Columbia University Forum*, IV, n. 3 (primavera, 1961), 21-25.

EASTHOPE, Anthony. "Hamm, Clov, and Dramatic Method in *Endgame*". *Modern Drama*, X (1968), 424-33.

EASTMAN, Richard M. "Samuel Beckett and *Happy Days*". *Modern Drama*, VI (1964), 417-24.

Esprit. CCCXXXVIII (maio, 1965), 801-1040. Edição especial sobre teatro moderno.

Esslin, Martin. *The Theatre of the Absurd*. Nova York: Doubleday, 1961.

_____(ed.). *Samuel Beckett: A Collection of Critical Essays*. Englewood Cliffs, NJ: Prentice Hall, 1965.

Federman, Raymond. "Film". *Film Quarterly*, XX (inverno, 1966-1967), 46-51.

Findlay, Robert R. "Confrontation in Waiting: *Godot* and the Wakefield Play". *Renascence*, XXI (1969), 195-202.

Fischer, Ernst. "Samuel Beckett: *Play* and *Film*". *Mosaic*, II, n. 2 (1969), 96-116.

Fletcher, John. "The Arrival of Godot". *Modern Language Review*, LXIV (1969), 34-48.

_____. "Balzac and Beckett Revisited". *French Review*, XXXVII (outubro, 1963), 78-80. Sobre *Waiting for Godot*.

_____. *Samuel Beckett's Art*. Londres: Chatto and Windus, 1967; New York: Barnes and Noble, 1967.

Frish, Jack E. "*Endgame*: A Play as a Poem". *Drama Survey*, III (1963), 257-63.

Gilbert, Sandra M. "'All the Dead Voices': A Study of *Krapp's Last Tape*". *Drama Survrey*, VI (1968), 244-57.

Guicharnaud, Jacques, com June Guicharnaud. *Modern French Theater from Giraudoux to Genet*. Edição revisada. New Haven, Conn: Yale University Press, 1967.

Hensel, Georg. *Samuel Beckett*. Velber bei Hannover: Friedrich Verlag, 1968.

JACOBSEN, Josephine; MUELLER, William R. *The Testament of Samuel Beckett*. Nova York: Hill and Wang, 1964.

JANVIER, Ludovic. "Les Difficultés d'un Séjour". *Critique*, XXV (1969), 312-23.

KENNER, Hugh. *Samuel Beckett: A Critical Study*. Nova York: Grove Press, 1961; Londres: John Calder, 1962. Nova edição revisada, Berkeley e Los Angeles: University of California Press, 1968.

KERN, Edith. "Beckett's Knight of Infinite Resignation". *Yale French Studies*, XXIX (primavera-verão, 1962), 49-56. Sobre *Happy Days*.

_____. "Drama Stripped for Inaction: Beckett's Godot". *Yale French Studies*, XIV (inverno, 1954-1955), 41-47.

KNOWLSON, James (ed.). *Samuel Beckett: An Exhibition*. Prefácio de A. J. Leventhal. Londres: Turret Books, 1971.

KOLVE, V. A. "Religious Language in *Waiting for Godot*". *Centennial Review*, XI (1967), 122-27.

MAYOUX, Jean-Jacques. "Samuel Beckett, Homme de Théâtre". *Livres de France*, XVIII (janeiro, 1967), 14-21.

_____. "Le Théâtre de Samuel Beckett". *Études Anglaises*, X (1957), 350-366.

MAZARS, Pierre; LASSEAUX, Marcel. "A Propos de *Comédie*". *Livres de France*, XVIII (janeiro, 1967), 22.

MÉLÈSE, Pierre. *Samuel Beckett*. Paris: Pierre Seghers, 1966.

MURCH, Anne C. "Les Indications Scéniques dans le Nouveau Théâtre: *Fin de Partie*, de Samuel Beckett". *Australian Journal of French Studies*, VI (1969), 55-64.

O'NAN, Martha. *Samuel Beckett's Lucky: Damned*. Athens: Ohio University Modern Language Department, 1965. Panfleto de nove páginas.

Oster, Rose-Marie G. "Hamm and Hummel: Beckett and Strindberg on the Human Condition". *Scandinavian Studies*, XLI (1969), 330-45.

Reid, Alec. *All I Can Manage, More than I Could: An Approach to the Plays of Samuel Beckett*. Dublin: The Dolmen Press, 1968.

Robinson, Michael. *The Long Sonata of the Dead*. Londres: Rubert Hart-Davis, 1969.

Schneider, Alan. "On Directing Film". In: Beckett, Samuel. *Film*. Nova York: Grove Press, 1969, p. 63-94.

_____. "Reality is Not Enough". *Tulane Drama Review*, IX (1965), 118-52.

_____. "Waiting for Beckett: A Personal Chronicle". *Chelsea Review*, II (outono, 1958), 3-20.

Schoell, Konrad. "The Chain and the Circle: A Structural Comparison of *Waiting for Godot* and *Endgame*". *Modern Drama*, XI (1968), 48-53.

_____. *Das Theater Samuel Becketts*. (Freiburger Schriftern zur romanischen Philologie II.) Munique: Wilhelm Fink, 1967.

Shenker, Israel. "Moody Man of Letters". *The New York Times*, CV, sec. 2 (6 de maio de 1956), I.

Taylor, Andrew. "The Minimal Affirmation of *Godot*". *Critical Review*, XII (1969), 3-14.

Todd, Robert E. "Proust and Redemption in *Waiting for Godot*". *Modern Drama*, X (1967), 175-81.

Torrance, Robert M. "Modes of Being and Time in the World of *Godot*". *Modern Language Quarterly*, XXVIII (1967), 77-95.

Trousdale, Marion. "Dramatic Form: The Example of *Godot*". *Modern Drama*, XI (1968), 1-9.

Weales, Gerald. "The Language of *Endgame*". *Tulane Drama Review*, VI (junho, 1962), 107-17.

ÍNDICE ANALÍTICO

A
Absurdo, tema do, 15-16, 28, 39, 120
Ada (*Cinzas*), 96-103
Addie (*Cinzas*), 99
Alberto Magno, 22
Ambivalência, nas atitudes dos personagens de Beckett, 125
Amor, como tema de história em *Letra e Música*, 127-28
Análise, peças de, 162-66
Anaximandro, 17
Aristóteles, 15, 17, 21-23, 26, 117
Arnold, Matthew, 13-15, 18
Ato sem Palavras I, 105-06, 166-67
Ato sem Palavras II, 109, 111, 163
Autenticidade da visão, tema da, 167-68, 174
Autrecourt, Nicolas de, 23

B
Barrell, Sr. (*Todos os que Caem*), 58, 60-61, 96
Beckett, Samuel, 15-16, 28-29; relação das obras com sua vida, 169

Belacqua (*Purgatório*), 25
Berkeley, George, 24, 147
Bianca (*A Última Gravação de Krapp*), 89
Bolton (*Cinzas*), 100-03
Brecht, Bertolt, 33

C
Cálculo, tema do (*Todos os que Caem*), 56
Câmera, importância da (*Eh Joe*), 157
Cartesianismo, 25-26. Ver também Descartes, René
Cascando, 168
Cascando
 sentido da palavra, 133
Celia (*Murphy*), 52-53
Céline, Louis-Ferdinand, 28
Cinzas, 164, 166
Clov (*Fim de Partida*):
 características de, 66-67, 70;
 independência cada vez maior de, 73-74
Comédia, 140, 145, 163
Como É, 139

Compulsões, tema das: *Ato sem Palavras II*, 109; *Dias Felizes*, 111, 165. Ver também Necessidade de saber
Comunhão, tema da, 167
Convencionalidade, tema da: *Todos os que Caem*, 57-58
Cristo: Ver também Deus; Religião; *Esperando Godot*, 41; *Todos os que Caem*, 63; *Fim de Partida*, 69
Croak (*Letra e Música*), 125-32
Crucifixão, tema da: *Esperando Godot*, 41

D

Dan Rooney. Ver Rooney, Dan
Dante Alighieri, 23-25, 94
Demócrito, 18-19
Descartes, René; como personagem de "Whoroscope" de Beckett, 23-24, 27. Ver também Cartesianismo
Desilusão, tema da, 165
Deus, tema de: *Esperando Godot*, 39-40; *Filme*, 150. Ver também Cristo; Religião
Dias Felizes, 167-68
Divina Comédia, A. Ver Dante Alighieri
Doutor Fausto (Mann), 28

E

E (*Film*): técnica cinematográfica para diferenciar de O, 149-50; significado da imagem de, 154; comparado à câmera em *Eh Joe*, 157
Effie (*A Última Gravação de Krapp*), 86, 92, 169
Eh Joe, 164
"Eles", tema de: *Fim de Partida*, 78; *Cascando*, 135
Empédocles, 13-14, 18, 40
Enfermeira morena (*A Última Gravação de Krapp*), 82, 85, 90
Escuridão. Ver Luz contra escuridão
Esperando Godot, 16, 115, 165; em comparação com *Fim de Partida*, 65
Essencialismo, 171-74
Esterilidade *versus* fertilidade, tema de: *Todos os que Caem*, 53-54, 63; *Fim de Partida*, 70; *Cinzas*, 102
Estragon: características de. Ver também Vladimir e Estragon
Excremento, como símbolo: *Esperando Godot*, 46; *Todos os que Caem*, 64

F

Fala como defesa: *Dias Felizes* e *Esperando Godot*, 115-16
Fertilidade. Ver Excremento; Esterilidade *versus* fertilidade
Filme, 167-68

Fim de Partida, 167-68
Fitt, Miss (*Todos os que Caem*); significado do nome, 58-59
Flo (*Vai e Vem*), 145
Forma estética: interesse de Beckett pela, 139
Forma *versus* informidade, tema de: *Esperando Godot*, 36; *Fim de Partida*, 73-74; *Cinzas*, 95, 99; *Dias Felizes*, 113-18

G
Galileu, 27
Geulincx, Arnold, 23

H
H (*Comédia*), 140
Hábito, tema do, 38, 83, 174
Hamm (*Fim de Partida*): características de, 66-67, 74
Heidegger, Martin, 16, 106
Henry (*Embers*): em comparação com Krapp, 93-94
Heráclito, 17, 39
Hilozoístas de Mileto, 16
Hipaso, 20
Histórias (contadas pelos personagens de Beckett): *Fim de Partida*, 68-69, 170; *Cinzas*, 100-01; *Dias Felizes*, 116, 122-23, 170
Holloway (*Cinzas*), 100-02
Hume, David, 23-24, 26, 148

I
Identidade, tema da: *A Última Gravação de Krapp*, 83; *Dias Felizes*, 123-24; *Eh Joe*, 160
Inferno, tema do, 145
Inominável, O, 26, 28-30, 65, 83, 139, 142, 161
Insanidade, tema da: *Fim de Partida*, 74; *Comédia*, 144
Isolamento, tema do, 166-67; *Esperando Godot*, 35; *Todos os que Caem*, 57-58; *Fim de Partida*, 66, 76; *A Última Gravação de Krapp*, 81, 85; *Eh Joe*, 159

J
Jael, 154
Joe (*Eh Joe*), 157-60
Jogos, tema dos: *Esperando Godot*, 35-39; *Fim de Partida*, 72
Joyce, James, 28

K
Köhler, Wolfgang, 107
Krapp: características de, 81-83; crescimento psicológico de, 87

L
Ladrões, dois (nos Evangelhos): *Esperando Godot*, 32, 39
Leibniz, Gottfried Wilhelm, 171
Letra (personagem de *Letra e Música*), 125-32

Letra e Música, 166
Leucipo, 18
Liberdade, tema da, 122-23, 165-66
Lucky (*Esperando Godot*): características de, 33-34; significado do nome, 38; monólogo, 39
Luz e escuridão, imagens de: *A Última Gravação de Krapp*, 87-91; *Cinzas*, 96; *Cascando*, 137; *Comédia*, 141

M
M1 (*Comédia*), 140-42
M2 (*Comédia*), 140-41
Maddy Rooney. Ver Rooney, Maddy
Mãe de Krapp, 89
Malone Morre, 25, 37, 65
Mann, Thomas, 28
Mar, como símbolo: *Cinzas*, 94, 99, 103; *Cascando*, 136
Memória, tema da: *Fim de Partida*, 67; *A Última Gravação de Krapp*, 81-82; *Cinzas*, 103
Mentality of Apes, The [A Mentalidade dos Macacos] (Köhler), 107
Mildred ou Millie (*Dias Felizes*), 123
Mistério, tema do, 39, 77-78
Molloy, 25, 62, 161-62

Moran (*Molloy*), 25, 62
Morte, tema da: *Todos os que Caem*, 54, 60-62; *Dias Felizes*, 113; Ver também Vida *versus* morte; Suicídio
Morte e a Donzela, A (Schubert e Claudius), 53, 60, 62
Muar: como símbolo em *Todos os que Caem*, 63
Mulheres, tema das: *A Última Gravação de Krapp*, 86-92; *Cinzas*, 93-94
Murphy, 20, 23, 25, 52-53
Música (personagem de *Letra e Música*), 125-32
Música, tema de: *Todos os que Caem*, 53; *Dias Felizes*, 117; *Letra e Música*, 125-28; *Como É* e *Comédia*, 139-40

N
Necessidade de saber, tema da: *Fim de Partida*, 70; *Dias Felizes*, 113
Neoplatonismo, 21
Nicolson, Marjorie, 14
Noite de Natal: *Fim de Partida*, 69

O
O (*Filme*), 147-55; técnica cinematográfica para diferenciar de E, 147-48
Ocasionalismo, 23-24
Ockham, Guilherme de, 23

P

Padrão, tema do: *Fim de Partida*, 71. Ver também Sentido; Tempo
Parmênides, 18
Peirce, Charles Sanders, 172
Philosophical Investigations [Investigações Filosóficas] (Wittgenstein), 172
Pirro, 18, 22
Pitágoras e pitagorismo, 19-20, 25
Platão, 21
Plotino, 21
Posses, tema das: *Esperando Godot*, 32, 37-38; *A Última Gravação de Krapp*, 83; *Dias Felizes*, 121; *Comédia*, 143
Pozzo (*Esperando Godot*): características de, 33-34
Prece, tema da: *Fim de Partida*, 74-75; *Ato sem Palavras II*, 109; *Dias Felizes*, 112; *Filme*, 122
Protágoras, 20, 71
Proust, 67
Proust, Marcel, 81-83

R

Religião, tema da: *Todos os que Caem*, 58-59. Ver também Cristo; Deus; Prece
Rooney, Dan (*Todos os que Caem*): características de, 51-52
Ru (*Vai e Vem*), 145

S

Santo Tomás de Aquino, 23
Sartre, Jean-Paul, 16
Sentido, tema do: *Esperando Godot*; *Todos os que Caem*; *Fim de Partida*; *Dias Felizes*; *Cascando*, 168
Sexto Empírico, 22
Sexualidade, tema da: *Todos os que Caem*, 55-56, 62-63; *Cinzas*, 98
Sísera, 154
Sofistas, 14, 20
Suicídio, tema do: *Cinzas*, 96, 100

T

Tales, 16-18, 21
Tempo, tema do: *Esperando Godot*, 43-48; *Fim de Partida*, 70-71, 78; *A Última Gravação de Krapp*, 81
Todos os que Caem, 164-65
Trilogia (de Beckett). Ver também *Malone Morre*; *Molloy*; *O Inominável*
Tyler, Sr. (*Todos os que Caem*), 55-57, 102

U

Última Gravação de Krapp, A, 164, 166

V

Vai e Vem, 163

Valores éticos: problemas dos, nos textos de Beckett, 93-94
Velde, Bram van, 28
Vi (*Vai e Vem*), 145
Vida *versus* morte, tema de: *Todos os que Caem*, 51, 64; *Fim de Partida*, 69, 73-74, 79
Vladimir (*Esperando Godot*): características de, 32
Vladimir e Estragon: como o homem arquetipal, 31-33
Vozes, tema das: *Eh Joe*, 157-59

W
Watt, 20, 25, 42
"Whoroscope", 23, 27
Willie (*Dias Felizes*), 111-24
Winnie (*Dias Felizes*), 111-24
Wittgenstein, Ludwig, 16, 172-73
Woburn (*Cascando*), 133-37

Z
Zenão de Eleia, 71

Dados Internacionais de Catalogação na Publicação (CIP)
(Câmara Brasileira do Livro, SP, Brasil)

Webb, Eugene
  As peças de Samuel Beckett / Eugene Webb; tradução Pedro Sette-Câmara. – São Paulo: É Realizações, 2012. – (Biblioteca teatral. Coleção ensaios)

  Título original: The plays of Samuel Beckett.
  Bibliografia
  ISBN 978-85-8033-088-5

  1. Beckett, Samuel, 1906-1989 - Obras teatrais 2. Teatro - Técnicas 3. Teatro francês (Autores irlandeses) I. Título. II. Série.

12-04603   CDD-842.914

Índices para catálogo sistemático:
1. Autores irlandeses : Apreciação crítica : Teatro :
   Literatura francesa   842.914

Este livro foi impresso pela Gráfica Vida & Consciência para É Realizações, em maio de 2012. Os tipos usados são da família Sabon LT Std e Bauer Bodoni. O papel do miolo é pólen bold 90g, e o da capa, cartão supremo 250g.